shuangyiliu jianshe shiyu xia

{ **"双一流"建设视阈下** }

gaoxiao gaocengci rencai guanli zhanlüe yanjiu

高校高层次人才管理战略研究

张文剑 ◇ 著

世界图书出版公司

广州·北京·上海·西安

图书在版编目（CIP）数据

"双一流"建设视阈下高校高层次人才管理战略研究 / 张文剑著 . —广州：

世界图书出版广东有限公司，2025.1重印

ISBN 978-7-5192-2325-0

Ⅰ . ①双… Ⅱ . ①张… Ⅲ . ①高等学校—人才管理—研究 Ⅳ . ① G649

中国版本图书馆 CIP 数据核字（2017）第 005079 号

书　　名	"双一流"建设视阈下高校高层次人才管理战略研究
	"SHUANG YI LIU" JIAN SHE SHI YU XIA GAO XIAO GAO CENG CI REN CAI GUAN LI ZHAN LÜE YAN JIU
著　　者	张文剑
责任编辑	冯彦庄
装帧设计	楚芊沅
出版发行	世界图书出版广东有限公司
地　　址	广州市海珠区新港西路大江冲 25 号
邮　　编	510300
电　　话	（020）84459702
网　　址	http://www.gdst.com.cn/
邮　　箱	wpc_gdst@163.com
经　　销	新华书店
印　　刷	悦读天下（山东）印务有限公司
开　　本	787mm×1092mm　1/16
印　　张	13
字　　数	170 千字
版　　次	2017 年 1 月第 1 版　　2025 年 1 月第 3 次印刷
国际书号	ISBN 978-7-5192-2325-0
定　　价	58.00 元

序 言

在我国长期的办学实践中已经形成共识：高校兴衰系于学科发展，学科发展核心是人才，尤其是高层次人才；在市场经济条件下，稳定在校高层次人才的数量和质量直接关系到高校的生存和发展，人才是办学诸要素中最核心的因素。与此同时，国家建设"世界一流大学和一流学科"的步伐正在加快，随着《关于继续实施"985工程"建设项目的意见》《关于补充高等教育"211工程"三期建设规划的通知》《关于实施"重点特色学科项目"的意见》《关于继续实施"优秀学科创新平台"建设的意见》等高校建设的重要指导性、规范性文件的失效，如何建设一支高水平的大学教师队伍，如何使引进高层次人才发挥其应有的作用，是当前政策交替期高校人才队伍管理工作的重要课题。

而从目前高校的人才队伍管理情况来看，各大高校的人才政策都倾向于大力引进高层次人才以提高高校教师队伍的专业层次和改善学术环境，为本校的学科建设增加筹码。然而这类高层次人才往往由于专业及国内外学术人才市场的竞争、机会成本等原因，其引进成本相对比较高昂，不可避免地造成引进的高层次人才学者与校内学者之间的关系难以妥善处理，并且给中国高校人才管理体制带来一定的挑战，引发较多的现实问题。不但没有达到充盈现有人才队伍的目的，反而造成高校教师队伍出现人才大量流失的现象。

因此，结合国际高层次人才战略的发展趋势及目前国内不断完善的高层次人才政策导向，根据高校教育产业的特征及战略格局的分布，本书提出了构建高校高层次人才管理战略的构想。说它是构想，是因为目前高校高层次人才管理工作本身就是伴随国家"双一流"高校建设的进程中一项逐步探索的工作，其具体的实施细则有待于根据国家出台的具体规范性文件来加以调整和制定；而从另一方面来说，这种构想也是基于已有研究成果的一种延伸，在强调高校完成高层次人才引进工作的基础上，应将对这类人才的管理工作置于战略性地位，与国家的人才战略相一致。全新的高校人才理念和实践政策需要纲领性的指引，而对高校高层次人才的合理使用才是整个人才管理战略宏图展开的关键。这本书鲜活地揭示了影响和制约我国高校高层次人才队伍建设的制度性障碍，为高校管理者和研究者提供理论与实践参考。

中南财经政法大学是一所历史悠久的老校，这里学人辈出，代有英杰。在先哲精神的感召下，后继之人当孜孜以求。本书的出版，就是这种努力的体现，期望得到各界的指正。

是为序。

张文剑

2016 年 8 月 18 日

目　录

绪 论

一、研究背景

(一)研究缘起

1.人才强国战略

随着经济全球化深入发展,世界范围内创新要素加速流动,知识创造和技术创新进程不断加快,新的科技革命和产业变革呈现加速态势,正在深刻影响和改变着世界经济格局。为在新一轮全球产业结构调整中抢占制高点,赢得未来发展先机,许多国家都把大力引进开发高端人才、增强核心领域创新能力提升到国家发展战略的核心层面。世界主要国家制定了新型产业发展战略,启动了百余项专门计划,各国对人才的争夺日趋白热化,这对我国参与国际人才竞争、引进和留住人才形成巨大挑战。

我国深入实施人才强国战略,加快向人才强国转变,统筹开发利用国际国内人才资源,打造更具国际竞争力的人才制度优势,是增强国家核心竞争力的必然选择。

此外,经济发展新常态对加快建设人才强国提出新的更高的要求。随着人口和劳动力结构的逐步变化,人口红利和要素驱动力减弱,传统产业供给能力大幅超出需求,我国经济结构亟需调整优化,向中高端迈进。经济发展要实现新动力、优结构、可持续,将更多依靠人力资本质量和技术进步,创新将成为驱动发展的新引擎。人才是创新的根基，是创新的核心要素。

高校作为人才培养和储备的大本营，更需要在人才工作上建立战略意识。高校的人才管理战略应以人才优先发展为前提，创新人才体制机制建设，主动调整人才培养结构，做好人才培养、评价、使用工作，全面提升人力资源素质，加快建设一支规模宏大、结构合理的高层次创新创业人才队伍和高素质技能人才队伍，最大限度释放创新活力，为推动人才强国战略建设做出贡献。

2.新一轮高校建设

根据国务院 2015 年 11 月印发的关于《统筹推进世界一流大学和一流学科建设总体方案》的通知，2016 年开始，新一轮高校建设将拉开帷幕，目标是推动一批高水平大学和学科进入世界一流行列或前列，以后每五年一个周期。高校要根据自身实际，合理选择一流大学和一流学科建设路径，科学规划、积极推进。拥有多个国内领先、国际前沿高水平学科的大学，要在多领域建设一流学科，形成一批相互支撑、协同发展的一流学科，全面提升综合实力和国际竞争力，进入世界一流大学行列或前列。①

一流大学要靠一流学科支撑，"双一流"靠的就是人才，是高层次人才的支撑。而全球高端人才并非取之不尽，谁下手快谁就能抢得先机，否则就会被动。所以当前高校的"双一流"建设对人才，特别是高层次人才的需求愈发迫切。

在《国家中长期人才发展规划纲要（2010–2020 年）》中指出：未来十几年，是我国人才事业发展的重要战略机遇期，我们必须进一步增强责任感、使命感和危机感，积极应对日趋激烈的国际人才竞争，主动适应我国经济社会发展需要，坚定不移地走人才强国之路，科学规划，深化改革，

---

① 来源《国务院：2016 年开始新一轮世界一流大学建设》，中国新闻网，2015 年 11 月 5 日。

重点突破，整体推进，不断开创人才辈出、人尽其才的新局面。[①] 这里提出了当前和今后一段时期内我国人才工作的两个目标，即人才辈出和人尽其才，这两个新局面的开创是我国，也是高校人才工作的题中应有之义，这两个目标的实现涉及高校人才工作的两个主要方面，即人才引进和人才管理。将人才的引进和管理作为一个战略性工程来考虑，结合高校中长期建设和发展的目标来进行全局性布局，将是我国高校人才工作的重心所在。这也是本书研究的背景所在。

（二）研究意义

1.高校高层次人才的角色定位

高校的高层次人才不同于其他领域的高层次人才，他们对于高校发展乃至国家发展的战略性作用和意义，比其他领域都更为突显。高校的发展更表现为依靠科技的进步和知识的力量，这不仅取决于人力资本的数量，更取决于人才的层次、质量和专业化程度。

曾任哈佛大学校长的科南特曾说过："谁能聚集世界一流的大师，谁就能办成世界一流的大学。"这表明大学的竞争归根结底是人力资源的竞争。大多数高校都非常重视人才的引进工作，往往为引进人才提供高薪、分房、配车，解决家属工作和子女就读等优惠条件的问题，但是对人才引进后的管理问题并未放在工作的重心上，对引入高校的人才是否适应新的工作环境，对现有院系是否有合理的学科教师队伍的梯队配置、高校的高层次人才有没有职业发展和培训机会等问题不够关心，导致引进的人才懈怠、抱怨，导致高校出现大量的高层次人才流失现象。这种人才流失表现为以下几个方面：一部分高级人才大量向国外流失，每年有数以万计的高校中青年教师和优秀毕业生到国外留学未归；一部分人才受到国外机构和

---

① 冯友梅、朱德友主编：《高校人事管理研究论文集（2013）》，武汉：武汉大学出版社，2013年，第247页。

大型企业的挖掘和抢夺;一部分不发达地区的高校人才不断流向发达地区,这一现象在西部的高校中将越来越突出;随着民办高校改革和独立学院的规范发展,其灵活的人事管理制度和优厚的待遇也吸引了不少高校人才流动。同时高校人才还在不同程度上存在隐性流失的现象:当今社会物欲横流,来自高校外的物质吸引会导致高校高层次人才心理失衡,意欲谋求更多的收入来源,出现了所谓的"第二职业";而高校"青椒"们正处于"上有老,下有下"的尴尬年纪,家庭负担重,因此为提高家庭的生活水平而寻求更好的职位和岗位,则其主要精力不可能放在教学科研上。

2.高层次人才对高校发展的意义

高层次人才队伍是国家知识创新的重要力量,是实施人才强国战略和自主创新战略的强大生力军和动力源,在我国全面建设小康社会和加快社会主义现代化建设进程中起着基础性、战略性作用,因而对高校高层次人才队伍建设的研究有着重要的理论意义和实践意义:

(1)建设高水平大学是我国高等教育发展的必然要求,高层次人才是建设高水平大学的智力支持,对高层次人才的定位与研究是建设高层次人才队伍的前提。目前,对高层次人才的定义学界并没有统一的标准,仁者见仁,智者见智,因而对高层次人才的内涵、分类、成长规律等的研究,是对高层次人才理论的一种梳理和总结,可以完善关于高层次人才的理论。

(2)特色高校的建设,离不开高层次的人才队伍,大学高层次人才队伍建设是科教兴国和人才强国战略实现的必然要求,是迎接国际竞争和挑战的要求,也是高等教育改革和发展的需求。在经济全球化的今天,世界的竞争主要是国与国之间综合国力的竞争,其本质是高层次人才的竞争,我国要在日益激烈的竞争中取得优势关键就在于高层次人才队伍建设。美国、德国、俄罗斯、日本等发达国家都在全球范围内争夺优秀人才,把教育发展和人力资源开发作为促进经济发展的重要手段,事实证明,人才特别是高层次人才对提升一个国家的综合国力起着不可替代的作用。目前与国外一流大学的高层次人才队伍相比较，我国还存在着高层次人才"总量不足、利用率不高、创新团队较少、高层次人才队伍建设模式不够完善"①等问题，这在一定程度上制约了我国现代化的进程、高等教育的发展以及高水平大学的建设。因此，建设一支结构合理、创新能力强的高层次人才队伍是目前的迫切要求，对高水平大学的建设与发展具有重要的意义。

（3）大学高层次人才队伍建设是建设高水平大学的关键，建设世界高水平大学，是我国经济和社会发展的客观要求，也是提高我国综合国力和国际地位的需要。综观世界一流大学的特征，高层次人才队伍是其一流地位确立和巩固的根基，高层次人才队伍反映了学校教师队伍的整体水平和素质，对学校的发展起到全局性的作用。当前，国内外大学都把建设高层次人才队伍作为大学发展的首要任务，无论哪所大学的发展都必须有一流的高层次人才队伍，有若干或一批杰出的大师和学科带头人建设创新科研团队，引领学科的建设和科研的进行，带动学校整体的发展。因而，本研究把培养高层次人才作为战略抓手，努力吸引、培养和造就一批具有国际水平的大师级人物和学科带头人，探索创新团队建设途径和高层次人才队伍建设模式，为政府、教育部门和高校管理者提供参考。

高等教育与政府、企业界乃至整个社会生活的关系越来越密切，大学逐渐成为推动工业化的一支重要力量。因此，当前高校对人才管理尤其是高层次人才的管理所存在的这些问题，亟需正视和重视，而这也将是本书所研究的着力点。

二、研究内容

高层次人才，作为人才队伍中的精英与帅才，其数量多少、规模大小、

---

① 龙婷：《大学高层次人才队伍建设研究》，武汉：武汉理工大学，2008年。

工作效率高低直接影响着高校的可持续发展和"双一流"的建设进程。本书首先对高校人才队伍中高层次人才这个对组织发展有关键影响作用的特殊群体的引进与管理方面的相关理论与文献进行综述，并就目前主要高校中对高层次人才的引进和管理措施的现状进行分析，结合国际上对高层次人才引进和管理方面的经验和趋势进行概括，以及对国内高层次人才的区域性政策进行比较分析，从而针对高校作为教育产业具有人才政策的特殊性，探讨如何构建高校高层次人才管理战略。

全书共七章内容。开篇是绪论，主要阐述选题的背景及意义、研究内容、研究思路、研究方法及可能的创新点。第一章与第二章是人才引进相关理论与文献综述，综合介绍了国内外学者对人才流动动因、影响人才引进的因素、工作满意度与工作绩效、工作成就感等相关思想与观点，为之后的研究提供了理论依据。第三章是高校高层次人才引进与管理现状分析，笔者在查阅统计年鉴、相关文献的基础上，总结了高校高层次人才引进现状及管理出现的主要问题。第四章是国际高层次人才战略的发展趋势，主要介绍了当前国际高层次人才引进竞争概况和主要人才政策趋势。第五章是国内高层次人才区域政策概况，就国内主要省市的高层次人才政策进行解读。第六章是高校高层次人才区域政策比较分析，对高校教育产业基础进行分析，并探讨现有高校高层次人才政策的焦点及弱点等问题。第七章是构建高校高层次人才管理战略，讨论当前环境下高校高层次人才引进所具备的阶段性特征，以及对构建高校高层次人才管理战略提出政策建议等。最后是结论部分，对全书进行总结。

三、研究方法

对高校高层次人才的管理研究属于社会科学的一种应用性的研究，其研究程序一般为：

第一，选择研究题目。根据实际工作需要，选择有意义的题目，确定可行的研究目标；

第二，设计研究方案。制定研究计划，决定研究步骤，并选择相适应的研究方法；

第三，收集有关资料。根据研究目标，收集国内外的文献资料和实际情况，以作为研究的基础；

第四，进行综合分析。通过对资料的分析，或对发现的结果进行解释，或提出新的结论，并写出报告，以供决策参考。

在上述的研究过程中，确定研究方法具有重要的意义。因为重要结论的取得，往往首先在研究方法上有所突破，而一种研究方法的成功建立，又常常引出一系列意想不到的丰硕成果。①

从整体上来说，辩证唯物主义的方法是研究一切科学的方法论基础。因为辩证唯物主义是关于自然界、人类社会和思维发展的最一般规律的科学。它不仅指出唯一正确的认识途径，而且可以揭示事物内在本质及其特有的发展逻辑和辩证方法。只有按照辩证唯物主义方法的要求，才能从事物发展和运动中，从事物之间的相互联系中，以及从事物各个方面和各种因素的相互关系中，考察人才管理，并从中得出应有的正确结论。显然，接受和运用马克思主义的方法论，是我们从事高层次人才管理研究必须坚持的基本前提。但是，唯物主义辩证法作为科学认识的普遍方法，它本身并不能对各学科的知识领域提出的一切任务作出现成的答案。每一门学科的任务是在辩证唯物主义这一普遍认识论的指导下，确定和建立起自己特有的研究方法。这种情况同样适用于对高校高层次人才的管理研究。高层次人才管理特有的研究方法有历史文献法、案例研究法、调查研究法和比较研究法等。

---

① 于文远、彭文晋等编著：《人才管理概论》，长春：吉林人民出版社，1986年11月第1版，第15页。

（一）历史文献法

从分析研究过去形成的历史文献资料入手，从中得出一些规律性的认识，这就是历史文献法。我国是世界文明古国之一。我们的祖先给后代留下了极其丰富的有关人才思想、人才管理的宝贵资料。近几年来，不少同志进行这方面的研究已经或正在取得成果，这无疑是一种可喜的现象。历史是一面镜子，研究历史文献，可以"古为今用"，对现在和将来具有重要的借鉴价值。可见，历史文献法对高层次人才管理的研究是大有裨益的。

（二）案例研究法

这种方法分为个案研究和群案研究。个案研究是对高层次人才个体或一件事进行典型分析，从中探索人才成长和使用的内外在因素，以及它们之间的内在联系与相互作用。经过认真的分析、推理引申后，可供管理决策以及其他方面的决策参考。这种方法的特点是，因素比较单纯，易于深入透彻地进行分析。群案研究是对一类人才或一组事件进行分析、比较、归纳，从中抽出共性问题或具有普遍意义的结论。这种方法具有一定的代表性，但分析不易深入。因此，应把个案和群案两种研究结合起来，取长补短，推动研究的深入。此外，运用这种研究方法时，应注意选择的对象的代表性、典型性；同时案例研究者必须像企业问题诊断专家一样，具备充分的接触和沟通的技巧，以便获得真实的资料。

（三）比较研究法

这是高层次人才管理研究者经常使用的方法。比较法是认识所要研究对象间的异中之同、同中之异及相互联系的逻辑方法。具体有三种类型。

1.相同点的比较，即异中求同

它是从所比较的两个或两个以上的研究对象中寻找，发现相同点。这种比较的特点是，比较对象在表面上、形式上存在差异，但在内容上、本质上具有相似之处，存在某些共同特点。

2.相异点的比较，即同中求异

它是从所比较的两个或两个以上的研究对象中寻找，发现相异点。这种比较的特点是比较对象在表面上、形式上相同或相似，但在内容上、本质上存在某些截然不同的特点。①

3.同异结合及互相联系的比较

它是从所比较的两个或两个以上的研究对象中寻找，发现共同点、相异点及互相联系和影响。这种比较的特点是既寻找相同处、又寻找相异处、同时还要发现比较双方的联系和影响，是一种综合运用比较的方法。

文中涉及高层次人才管理、人才管理和人力资源管理，这几个概念都具有各自的特点，无法同时进行阐述，这就是同中有异。我们在进行国内外高层次人才政策的比较时，在发现同中之异和异中之同的同时，还会发现互相间的联系和影响。由于客观世界中任何相似的事物总是存在着差异，完全相同的事物也是不存在的。所以，同异结合及互相联系的比较是一种应用最广泛的方法。

---

① 徐绍敏主编：《档案文献编纂学（第二版）》，杭州：浙江大学出版社，2001年，第375页。

第一章 人才问题文献综述

国家之间、地区之间的竞争，归根结底是人才之间的竞争。人才资源作为"第一资源"的重要地位日益得到凸显。人才问题一直都是各界关注和研究的重点。

一、人才的定义

（一）"人才"概念的起源

中国有着悠久的重视人才的传统、深厚的人才文化和丰富的人才思想。"人才"一词最早见于典籍，是在《易经》"三才之道"，即孔子及孔门弟子的《易传》讲："《易》之为书也，广大悉备。有天道焉，有人道焉，有地道焉。兼三才而两之，故六。六者非它也，三才之道也。"在《诗经·小雅》注之中有"君子能长育人才，则天下喜乐之矣"。

其基本含义包含以下几个方面：（1）指有才能的人。如人才辈出。明朝高攀龙《答袁节寰中丞》："今天下难联者人心，难得者人才，难鼓者士气，得老公祖（袁可立）一点真精神不难矣。"（2）指才学，才能。杜甫《重送刘十弟判官》诗："年事推兄忝，人才觉弟优。"（3）指人的品貌。《三国演义》第六十五回："马超纵骑持刀而出，……一来结束非凡，二者人才出众。"

查阅辞书可见，新中国成立前的辞书一般认为"才能杰出者"就叫人才。新中国成立后的辞书，一般都加上了"德才兼备"四个字。《辞海》对人才的解释是："有才识学问的人，德才兼备的人"。《现代汉语词典》的解释是"德才兼备的人；有某种特长的人"。这是最简明的对人才的定义，是语义学上的人才定义，强调的是人才具有优于一般人的品德和才能，特别是才能。顾名思义，人才就是有才之人。

（二）中国传统的人才思想概述

1.执政兴邦，惟在得人

《易经》六十四卦几乎每卦的卦爻辞都有凶有吉，吉与凶搭配，唯有"谦"卦的卦爻辞满盘皆吉。"六四"：扩谦于外，发扬光大；"六五"：团结力量，出征骄横；"上六"：谦道成功，群蛮服膺。《易经》如此重视"谦"，在于"谦"能使天下豪杰志士汇聚周围，能使人心归顺，众志成城，所向披靡。《道德经》："虚其心"，虚怀若谷，是为"上德"，唯虚能容人，得人者得天下。

2.知人方能善任

阎循观《因勉斋私记》："知人有三：知人之短，知人之长；知人短中之长；知人长中之短。"中国的第一个平民皇帝汉高祖刘邦之所以能取得天下，最重要的一点就在于他善于识别和使用人才。在他登上皇帝宝座以后，他坦白："夫运筹帷幄之中，决胜千里之外，吾不如子房。镇国家，抚百姓，给馈饷，不绝粮道，吾不如萧何。连百万之众，战必胜，攻必取，吾不如韩信。三者皆人杰，吾能用之，此吾所以取天下者也。项羽有一范增而不能用，此所以为吾所擒也。"

3.用人要"舍短取长"，取人要人尽其才

知人难，难在未易尽知；用人难，难在才非所用。中国历史上著名的"贞观之治"，从某种意义上讲，是任贤致治。王船山认为唐朝的兴盛得益于"唐多能臣，前有汉，有宋，皆所不逮"，高度评价了唐太宗的用人才能。

贞观晚年，唐太宗总结了自己的用人经验，指出："用人之道，尤为未易。己之所谓贤，未必尽善；众之所谓毁，未必全恶。知能不举，则为失才；知恶不黜，则为祸始。而人才有长短，不必兼通。……舍短取长，然后为美。"世谓知人难，用人更难。但唐太宗却能知人善任，主要在于他的用人之道取之于我国道家、儒家的辩证思想，并能使之发扬光大。此外，我国的人才思想还包括识人，既要看才能，又要看品德；选人要广开才路，不拘一格；重视学识，更注重实践能力等重要方面。

（三）我国政府对人才的定义

1. 1982 年国务院文件

1982 年国务院出台了一个文件，指出"专门人才"需要满足两个条件：一是中专以上学历，二是技术员以上职称。二十多年来，学历和职称一直成为我们对人才进行界定的两个主要条件，并被各行各业运用在人才选拔、使用等不同方面，成为对人才界定的绝对权威和唯一的标准。

但随着经济社会的快速发展，对人才的素质与能力的要求不断提高，人才的这个标准认定逐渐显露出不够完善的地方，比如过分注重学历和职称，忽略了人的能力因素；不能反映人才成长的多样化途径；评价人才时过于强调学历，而使得不少人急功近利等，所有的这些都不同程度地限制了人才的发展。实践证明，人才是在环境竞争中脱颖而出的，人人都能成才，无法用统一的硬性标准界定。社会发展越来越需要多元化、多层次的人才，越来越需要凝聚广泛的智慧力量。

2. 2003 年《关于进一步加强人才工作的决定》

2003 年 12 月 26 日中共中央、国务院《关于进一步加强人才工作的决定》赋予人才新的涵义：（1）具有一定的知识或技能；（2）能够进行创造性劳动；（3）做出积极贡献。人才既包括"显现"人才，还包括"潜在"人才；不仅要涵盖有学历、有职称的人才，也要涵盖没有学历、没有职称，但有专门技能的人才。

3. 2010 年《国家中长期人才发展规划纲要（2010-2020 年）》

《国家中长期人才发展规划纲要（2010-2020 年）》中指出，人才是指具有一定的专业知识或专门技能，进行创造性劳动并对社会做出贡献的人，是人力资源中能力和素质较高的劳动者。人才是我国经济社会发展的第一资源。

4. 2010 年《中国的人力资源状况》白皮书

白皮书秉承《国家中长期人才发展规划纲要（2010-2020 年）》中对人才的定义，指出中国政府制定和实施一系列重大方针政策，统筹推进党政人才、企业经营管理人才、专业技术人才、高技能人才、农村实用人才和社会工作人才等各类人才队伍建设。经过多年努力，人才资源总量不断增加，人才素质明显提高，人才结构进一步优化，人才使用效能逐渐提高。

白皮书提出要实施人才强国战略。人才是经济社会发展的第一资源，在国家现代化建设中发挥着越来越重要的作用。中国历来重视人才工作，进入新世纪做出了实施人才强国战略的重大决策，努力造就数以亿计的高素质劳动者、数以千万计的专门人才和一大批拔尖创新人才，建设规模宏大、结构合理、素质较高的人才队伍。2001 年，中国政府将实施人才战略纳入国民经济和社会发展五年规划。2006 年以来，中国加强对人才资源开发的顶层设计和系统规划，先后制定《国家中长期科学和技术发展规划纲要（2006-2020 年）》《国家中长期人才发展规划纲要（2010-2020 年）》和《国家中长期教育改革和发展规划纲要（2010-2020 年）》等三个国家中长期发展规划纲要，确立在经济社会发展中人才优先发展的战略布局，统筹城乡、区域、产业、行业和不同所有制人才资源开发，促进人人平等享受人才政策和平等参与人才开发，努力实现各类人才队伍协调发展。

为适应走新型工业化道路和产业结构优化升级的需要，中国政府实施国家技能人才振兴计划，建立公共实训基地和国家高技能人才培养示范基地，努力培养造就一支门类齐全、技艺精湛的技能人才队伍。国家大力培养农村实用人才队伍，实施农村实用人才素质提升计划和新农村实用人才培训工程，全面提高农村实用人才的科技素质、职业技能和经营能力，大力培养教师、医生、农业技术人员等农村发展急需人才，鼓励和引导各类人才向农村流动。

5.习主席上任以来的人才政策

习近平总书记在 2013 年的全国组织工作会议上指出：要树立强烈的人才意识，寻觅人才求贤若渴，发现人才如获至宝，举荐人才不拘一格，使用人才各尽其能。

——人才使命：实现中国梦。

——人才制度：国际竞争力。

——人才规律：科学用人观。

6.学界对人才的定义

我国人才学者们也试图通过对人才的定义揭示人才概念的本质。正所谓仁者见仁、智者见智，学者们对人才的理解也不尽相同。根据其定义角度的不同大致可分为以下三种：

一类是对人才的本质界定。我国人才学创始人王通讯把人才定义为"人才是为社会发展和人类进步进行了创造性劳动，在某一领域某一行业或某一工作上做出较大贡献的人"。王通讯（2001）[①]、叶忠海（1983）[②]、罗洪铁（2002）[③]等人认为，人才是那些具有良好的内在素质，能够在一定条件下在某一领域、某一行业或某一工作上通过不断地创造性劳动成果，

---

① 王通讯：《人才素质测评论》，《党建与人才》2001 年第 6 期。

② 叶忠海：《人才学概论》，长沙：湖南人民出版社，1983 年，第 161–162 页。

③ 罗洪铁：《再论人才定义的实质问题》，《中国人才》2002 年第 3 期。

对社会的进步和发展产生了较大影响的人。钟祖荣（1989）[①]讨论了人才学界关于人才本质的几种意见，认为人才的本质特征是杰出性。罗洪铁（2000）[②]通过对人才本质的分析，指出人才是指那些具有良好的内在素质，能够在一定条件下通过取得创造性劳动成果，对社会的进步和发展能产生较大影响的人。

一类是在对人才定义的传统基础上，摒除以学历和职称定人才的标准，而提出的新的人才衡量标准。温志兴（2005）[③]概括出了我国不同时期的六个评价标准，分别是"以出身作为人才的衡量标准、以资历作为人才的衡量标准、以身份作为衡量人才的标准、以学历作为人才的衡量标准、以年薪作为衡量人才的标准、以能力作为衡量人才的标准"。中国科学院可持续发展研究组和美国耶鲁大学合作得出了人力资源能力"三分法"的研究成果。研究表明，人的资源能力可以细分为能级依次递进的三个部分，即人的能力可以一分为三，它是人的体能、技能和智能三者的有机统一体。三者之间存在着两组简单的等比级数规则：对于体能、技能与智能的获得，社会需要支付的成本分别为1∶3∶9；而人的体能、技能与智能对社会财富的贡献则分别为1∶10∶100。一个人，只有成为同时具备体能、技能和智能的人，才能被称之为人才。

一类是针对当前社会发展的变化，提出人才定义应有时代性。韩金远（2002）[④]及王志田（2003）[⑤]等对人才进行了定义，认为人才首先具有链条化的特点，当人才处于知识离子度高的环境中，通过接触和相互渗透，低水平就会向高水平靠拢。其次具有优势累积化特点。知识经济时代的一

① 钟祖荣：《杰出性：人才的本质特征》，《中国人才》1989年第4期。

② 罗洪铁：《"人才"含义之商榷.《人才开发》2000年第7期。

③ 温志兴：《浅析如何建立正确的人才标准》，《沿海企业与科技》2005年第11期。

④ 吕明新，韩金远：《山东人才资源发展的影响因素及对策研究》，《山东大学学报》（哲学社会科学版）2003年第5期。

⑤ 王志田：《人才发展战略模式探讨》，《中国科技论坛》2003年第3期。

个重要特点是知识量猛增，信息大量产生。人才掌握的知识越多，发挥作用的基础就越牢固，起点就越高，产生的成果就越多、越先进。再次是人才能力素质化。最后是人才学习终身化，终身学习是对人才的内在要求和本质特征。胡鞍钢认为，按照政府制定的人才目标，到 2020 年，中国的人才总量有可能增长 80%，由 2007 年的 1.04 亿增加到 2020 年的 1.8 亿；全国主要劳动人口受高等教育比例、从事研究职业人员都将翻一番，人才队伍的整体素质大幅度提升；人力资本投资（指全社会教育、卫生、研究与开发经费）占 GDP 比例明显提高，人才发展的贡献越来越大。他认为中国正在酝酿的是一个大战略，由"战略三角"组成，包括国家中长期科技发展规划纲要、国家中长期教育改革和发展规划纲要和国家中长期人才发展规划纲要。

二、国外对人才的定义

（一）国外对人才的政策

美国《财富》杂志这样评价人才：受过良好的教育，有一定的工作经验、经营策划能力、专业技能和一定社会关系的资源。美国在 20 世纪 60 年代提出"绩效管理"，强调业绩是人才评判的重要标准，进入 21 世纪又提出要创造一个以人力资本为基础的经济，设计了新的绩效与能力素质标准；给世人以保守印象的英国近年来在人才政策上也进行了调整，对人才的定义不再局限于获得硕士学位以上的人；一贯重学历重资历的日本，在人事改革中明确提出"能力主义"，并取消了学历统计。

由于发达国家高等教育早已进入"普及化""大众化"阶段，它们对人才标准的界定已走出了"唯学历"的误区，主要强调"两个导向"：

一是能力导向。虽然要考虑人才的学历和职称，但更突出其综合能力和专业水平，从而真正做到唯才是用。因为一个人的综合素质，很难用学历体现出来。如果一位名牌大学毕业生5年做不出成绩，就很难讲他是人才。

二是业绩导向。在竞争环境中，业绩至关重要，因为只有业绩才能把一个人同其他竞争者区别开来。学历只能是人才能力中的很小一部分，最多表明一个人的潜能。在进行人才评价时，不能仅看文凭及其毕业的大学，而要看他给社会做了哪些贡献，有何业绩。发达国家的公务员队伍并不追求高学历，甚至高技术企业也不追求高学历。

（二）国外关于"人才"定义的研究

"人才"一词带有鲜明的中国特色，英语中与之最相近的词是 talent、genius，其意为"天才""有特别才能的人"；相近的词还有 Human Capital，中文翻译为"人力资本"，指凝集在劳动者本身的知识、技能、智慧及其所表现出来的劳动能力。与 talent 和 genius 主要指人的天赋才能不同，人力资本主要指人后天通过培训形成的知识能力。作为人才开发与管理对象的人才，与英语中接近的词是 human resources，中文译为"人力资源"，没有专门的与"人才资源"相近的词。

对于人才的论述，根据所查阅的资料，有如下研究：

马克思在《关于费尔巴哈的批判》中指出的，人不是抽象的人，人的本质是社会关系的总和，人才也是一定社会的人才。当一个人的天赋所形成的才能被他所生活的社会所接受时，才会被认为是人才。十九世纪初，当时有代表性的资本主义经济学家李嘉图提出"人是微不足道的，产品就是一切"。随着科学技术的迅猛发展，资本主义国家生产效率有了很大提高，但把人单纯作为为资本家创造利润的机器的这一看法一直没有改变。100 多年以后，到二十世纪中期，西方发达国家的学者对人的行为的研究有了突破性进展。1954 年美国人本主义奠基者、心理学家亚伯拉罕·马斯洛提出人有五种基本的需求，当一较低需求得到基本满足后，就会产生另一较高级的需求，这是人的本性。美国麻省理工大学教授麦格雷戈在著作

《企业中人的方面》中针对人的本性是善还是恶的问题提出著名的 X 理论和 Y 理论。X 理论认为人的本性是恶，是获取经济报酬的"亲利人"，本性恶，这也是 100 多年来在管理中把人当作机器，超负荷运转，以为资本家创造更多利益的原因。麦格雷戈认为今天的资本主义世界在人的管理方面已经到了结束 X 理论、提倡 Y 理论的时候了。Y 理论提出，人的本性是善的，如果给予人以适当的满足，给予适当的机会，人会喜欢工作，发挥才能。之后，美国加利福尼亚大学管理学教授乌契又提出了"Z"理论，这一理论又对传统的针对单个人的管理理论提出挑战。"Z"理论把企业当作一个亲密的组织，强调对工人的友谊和信任，在这个组织中，营造一种团队努力的氛围，大力提倡工人和企业之间双赢、工人和工人之间双赢的新的价值观。美国管理学家安德鲁·J·杜勃林用大量的跨国公司管理实例佐证了寻找与正确使用优秀人才的重要性；美国罗伯特·H·沃特曼用大量理论与事实证明了"只有生命中最本质的兴趣才能使大多数人保持快乐，并且长期在工作中表现突出"的观点。

三、总结和推理

以上从三个方面比较了国内外对于人才问题的看法，而对于人才的定义并没有统一的界定。

（一）传统定义的局限

中华民族优秀传统文化中包含了丰富的识人、选人、用人思想，但另一方面，我们又应该看到，中国处在封建社会里长达几千年，传统文化中对于人才问题的研究的根本目的在于为当时的统治阶级服务，是对统治阶级的劝导、教诲。其中很多识人、选人、用人的方法和手段是有益的，也是今天我们要学习借鉴的，但其用人制度和机制却是专制的、而非民主的。人才作用的发挥取决于领导人的识别和启用，人能否发挥作用，成为人才，全在领导者"伯乐相马",甚至即使成才以后,人才的生死和命运仍然掌握在有权的统治者手里。

(二)政府定义体现人才政策的变迁

从政府关于人才定义的几个重要阶段的论述来看,随着时代的发展,我国关于人才的定义,已经不再要求人才是什么样的学历、什么级别的职称,而是着眼于三个方面:专业水平、贡献水平、能力水平。三个维度的评判较为客观地提取了人才的相关素质指标,对人才的定义与以往大不相同,可以理解为"去硬指标化",而更多地将"软指标"纳入到评价人才的视野当中,对现阶段人才工作的实践有着很好的指导意义。

(三)国内与国外研究的区别

国内对于这方面的研究则更多地从社会学出发,立足政府对社会人才的发展,探究人才的定义和对经济社会的影响,并对人才发展规律和模式进行归纳总结,以期对人才培养和发展起到指导作用,客观上也为国家的人才发展战略提供了理论依据。

而国外学者早期对"人才"和"人力资本""人力资源"没有严格的界限,并且侧重从经济学角度对其进行定义,此时人才的内涵就是人力资本或人力资源。所以,西方经济学上所称的人力资源或人力资本都是与通俗意义上的人才相关的。

(四)推理

可以看到,人才的定义之所以存在争议而未有定论,与人才的特性、作用等密切相关。因此,对于当前人才定义问题的研究,可以考虑从三个方面加以完善:第一,人才定义中的构成要素及其比例。不论是"三维度"还是"三分法",都指出人才定义的构成有多个因素,并且每个因素都对其产出有着不同比例的贡献。因此人才定义需要结合时代特征赋予新的内涵，明确其构成要素及其比例。第二，多学科多维度定义人才。从国内和国外研究的结果看，人才概念涉及社会学和经济学等，随着学科的发展，对人才的定义应综合多学科进行完善。第三，人才定义的国家战略因素。当今世界竞争的核心是人才竞争，我国要实行人才强国战略，对人才的培养、选择和使用上无不体现国家战略的因素。因此当前对人才的定义更要结合国家战略意图，具有时代特色。

四、人才标准

前文分析了"人才是什么"，而"什么是人才"，如何来统计和度量"人才"呢？由于人才的特性决定了人才标准也因时代的不同而不断发展和更新。建立科学的人才标准是发现人才，实践我国的人才战略的重要前提。

（一）人才统计标准发展历程

张榕认为新中国成立以来，我国人才标准经历了三个发展阶段。

第一阶段是在新中国成立以后，虽然毛泽东同志在 1957 年全国宣传工作会议上就提出，"我们的国家是一个文化不发达的国家。五百万左右的知识分子对于我们这样一个大国来说，是太少了。没有知识分子，我们的事业就不能做好，所以我们要好好地团结他们。"但由于受阶级斗争为纲的影响，在使用中把人才仅作为"团结的对象"，用人看成分看出身，使许多德才兼备的人才由于所谓"成分不好"没有得到起用。

第二阶段在 1978 年以后，遵循邓小平同志提出的"尊重知识，尊重人才"的教导，在人才工作中建立了以"学历和职称"为主要内容的人才标准，从而培养造就了各个领域的大批优秀人才，为推动社会主义现代化建设事业发挥了重要的作用。

第三阶段是在 2002 年以后，根据党的"十六大"确定的"尊重劳动、尊重知识、尊重人才、尊重创造"的重大方针，第一次提出在坚持德才兼备的原则下，把品德、知识、能力和业绩作为衡量人才的主要标准，建立了判别人才不能仅看学历或职称的高低，而主要看实际能力和贡献大小的"新人才标准"，鼓励人人都做贡献，人人竞相成才。从"重成分""重学历"到"重能力"。这种四要素构成模式广泛应用于以后的各种人才标准分析研究之中，并以不同的视角和形式呈现出来。

（二）人才标准的外显形式

人才标准四要素在人才标准之中的作用不同，与其外显形式之间也有着内在联系。张成武（2006）[1]认为，新的人才标准反映人才本质属性的能本性、创造性、价值性三个重要方面，并分别对应于资格评价、绩效评价和成果评价，是构成人才标准的核心要素。新时期人才评价的标准主要包括道德修养、科技创新能力和专业技能三个方面。道德修养是人才评价的首要条件，科技创新能力是人才评价的核心要素，专业技能是人才评价的基本要求。品德、知识、能力和业绩贡献是体现人才杰出性的主要因素。学历和职称只是体现专业知识、能力和业绩的一种标准，而不是唯一标准。还存在其他如岗位职务、成果获奖、技术发明专利等社会认可的有效形式。

也有学者从不同理论观出发，考察人才标准要素特点以及它们之间的关系。萧鸣政（2004）[2]指出，人才标准要素包括较高的创造意识、丰富的知识技能与显著的工作业绩。人才可以用以下的等式来表示，人才＝丰富的知识技能＋强烈的创造意识＋显著的工作业绩。要从系统观、动态观和战略观的角度对人才要素进行分析，特别突出了创新意识与责任心等品德因素。

（三）人才标准的内在构成

由于出发点和目的的不同，人才标准基本要素起着不同的作用，也呈

---

[1] 张成武：《新时期人才评价标准研究》，《中国科技信息》2006年第20期。

[2] 萧鸣政：《人力资源开发的理论与方法》，《中国人才》2004年第3期。

现出不同的构成形式。

一类学者从人才确立的视角分析了人才标准构成。聂会平（2006）[①]从人才标准能级确立方式入手，把人才标准分为人才的道德标准、人才的准入标准和人才的检验标准。这三种标准处于人才标准的不同层次。人才的道德标准处于标准的最底层，是人才的必备标准。人才准入标准处在中间层，是判定人才类别与否的评价标准，为人才统计和人才选拔提供基本依据，使人才鉴别具有可操作性。人才的检验标准，主要是业绩和贡献，是人才的最高标准。对不具备准入标准的人，只要能通过检验标准，就可称之为人才。这三类标准具有层次性、多样性和关联性等特点，缺一不可，共同构成了人才的评价标准。蔡学军（2003）[②]分析了人才标准的范畴，认为人才标准大致有三个层次：第一层是人才理论研究和《人才工作决定》中的标准，包括：有一定的知识和技能、能够进行创造性劳动、做出积极贡献三个方面。第一层标准属于学科范畴和政治范畴上的界定，是对人才现象普遍本质的概括和反映。至于界定"谁是人才"等问题要通过具体的法律、法规和政策来解决。第二层是具体人才政策中的标准，是人才培养、吸引和使用中的具体标准，根据适用对象不同，各具特色、多种多样。第三层是统计学上的标准，即以中专以上学历和初级以上职称为标准，也称之为"专门人才"。这个层次的标准只限于统计意义，反映人才群体结构构成中的某一方面或某一要素。

一类学者从人才开发管理的视角分析人才标准构成。李增义（2004）[③]等人把人才标准分为共性标准和宜用标准。他们提出，德才兼备是人才的共性标准，而才先德备是企业高级人才的宜用标准。张成武（2006）则认

---

① 聂会平：《试论人才标准的构成》，《商业研究》2006 年第 18 期。

② 蔡学军：《我国高层次人才队伍建设现状、问题与对策》，《中国人才》2003 年第 10 期。

③ 李增义：《"才先德备"宜为企业选聘高级人才的标准》，《山东经济战略研究》2004 年第 12 期。

为各类人才对品德要求的共性更多，而对才能的要求则差别更大。不同人才之间的区别主要在才不在德，才能要求的差别是不同人才类型判别的根本标志。陈锡安、丁进（2004）则从人才管理的层次出发，把人才标准分为宏观标准与微观标准。他认为宏观标准适用于国家、区域、行业的人才标准，它是政府或社会权威机构，为实现国家、区域或行业人才管理的最佳秩序，对个人进行人才范围的基本条件及所处人才层级所制定的规则文件。宏观人才标准具有通用性、规范性和指导性。微观人才标准是适用于单位或特定领域的人才标准，其适用时期相对较短，也称为"专业性标准"。微观标准是根据组织文化、管理目标和岗位规范的要求确定人才评价标准，各个企业、各个岗位多有不同，具有专业化或专门化的特征。

（四）人才标准的应用

1.人才队伍的分类

人才标准是具体的，不同类型人才有不同的评价标准。确定人才标准首先要明确人才类型。随着经济社会发展的多元化，人才队伍的分类也有了新的转变，人才队伍由传统的"三支人才队伍"（党政人才、经营管理人才和专业技术人才），扩展到"三支三批队伍"（增加高技能人才、农村实用人才和社会工作人才），统计领域也从传统的体制内人才（公有经济单位人才）扩展到体制外人才（非公经济领域人才）。

——党政人才：主要为各级党委、人大、政府、政协、法院、检察院、民主党派和人民团体机关中的工作人员。

——经营管理人才：主要为公有制经济领域的企业经营管理岗位、事业单位管理岗位以及非公有制领域的企业经营管理岗位中的人才。

——专业技术人才：主要为公有制经济领域的企业、事业单位专业岗位和非公有制领域的企业专业岗位中的人才。

——高技能人才：在生产运输和服务等领域岗位一线的从业者中，具备精湛专业技能，在关键环节发挥作用，能够解决生产操作难题的人才。包括技能劳动者中取得技师、高级技师职业资格或相应职级的人员，主要分布于第一、第二、第三产业中技能含量较高的岗位。

——农村实用人才：一是经营能人，包括企业经营人才、农村经纪人和农民专业合作经济组织带头人；二是生产能手，包括种养殖能手、捕捞能手和加工能手；三是能工巧匠，包括技能带动型人才和文体艺术类人才。

——社会工作人才：在社会协同、公众参与的社会管理中，配合政府工作人员推进社会建设、改善民生、减少社会矛盾、健全基层社会管理、社会组织建设的人才。通过对人才的科学分类，最重要的意义在于让专门人才能真正脱颖而出，"专门人才是在一个专业领域受到过基础的教育和基本的训练，同时在这一领域工作的人才。这样的人才是一个国家，尤其是我们要建设的创新型国家的重要力量"。

2.高层次人才

从以上划分的各类人才中又可以细分人才项目。高层次人才是各地方政府引进人才的重点对象。到目前为止，很少有学者提出过统一的、完整的高层次人才标准划分体系，也还没有一个地方提出过普遍适用的高层次人才标准框架。

（1）地方政府对高层次人才的认定

国内部分地方政府结合当地发展实际，对高层次人才标准划分做过有益尝试，概括起来主要有三类：

建立专家库。许多地方政府部门通过建立专家库来了解和掌握高层次人才底数，按照行业界别采集专家信息，定期联系他们。建立专家库的好处在于，专家个人信息全面，联系便捷，能及时了解专家共同需求与个性化需求，便于提供点对点的专项服务。但是，通过专家库平台联系高层次人才也存有局限性，主要是入库管理的专家人数有限，无法将各类专项服务惠及全社会做出同样贡献的高层次人才。

建立高层次人才认定标准。近年来，国内部分地区，如海南、广州、深圳、珠海等地分别制定了有关高层次人才的认定标准和落实方案。其共同做法是：高层次人才认定不受国籍、户籍和身份限制，以第一线从事专业技术或生产研发工作的人员为重点，以人才自身能力为基础，以承担重大项目主要负责人或获取各类重要科技奖项为依据，将高层次人才划分为国家、省市、地方三级，并按照当地发展实情，对高层次人才层级加以细分，最终形成高层次人才认定体系。

出台海外高层次人才认定办法。在"千人计划"的示范引领下，很多省市也先后颁布实施了海外引才计划，并出台了与中央衔接并结合本地区实际的海外高层次人才认定办法。"千人计划"与各省市海外引才，主要以年龄、学历学位、职称等作为硬性标准，同时附加科研成果等弹性条件，为全国地方海外引才提供了标准范本。

（2）国内学者对高层次人才的界定

叶忠海（2005）提出高层次人才的认知有二，即高层次科技人才和高层次经济管理人才。其中，高层次科技人才是指在一定的时间和空间范围内对某领域某方面发展做出卓越贡献并处于领先地位正在发挥引领和带头作用的高级科技人才群体。相应的高层次人才评价标准，主要是从内在素质特征、创造实践及成果的特征、人才成长过程的特点等方面加以解析。蔡学军（2003）等认为"高层次专业技术人才就是在某一学科或专业领域有较深造诣和较高威望，在重要岗位上工作、承担重要任务、能对经济社会发展和科技创新发挥较大作用的人才。具体可以划分为以下几个层次：①两院院士以及在本领域有很深造诣、在国际上有一定影响、是有总揽全局能力的战略科学家或科技帅才；②重大科学领域的领军人物、科技将才、杰出社会科学家和文学艺术家；③国家有突出贡献专家、国家主要科技奖励获奖者；④享受国务院特殊津贴的专家；⑤百千万人才工程、'863'计划、'973'计划等重要项目的首席科学家、重大科技成果发明人、著名企业技术负责人。"

3.高校高层次人才

高校高层次人才资源属于高校这个社会组织内的高级人才。不同学者从引进风险[①]、流动性[②]和共享性[③]等方面对高校高层次人才的管理进行了探讨和研究。

在高校高层次人才队伍建设研究成果中，取得了一些重要的结论，引用比较有代表性的观点有：

郑卫东在《加拿大、德国、日本高校的人才战略及其启示与建议》论文中，介绍了加拿大的"首席科学家计划"、德国"青年教授"、日本高校"卓越中心"等三大人才计划，从政府层面和高校层面，分别提出我国高校的高层次人才培养的一些建议。[④]

庄莉从"高层次人才观的多样性""高层次人才供求矛盾""高校之间有序竞争的不完善"和"高层次人才管理缺乏良好的外部环境"等四个方面，分析当前高校高层次人才队伍建设中存在的一些困难和问题；提出坚持党管人才原则、建设学科特区、加大引智力度、培育创新团队等四个方面的思路。[⑤]

谢崇高认为"人才引进是高校得以发展的重要环节，是高校人才队伍建设的捷径。高校引进高层次人才存在误区，引进高层次人才必须与时俱

---

① 李晴华：《高校高层次人才引进工作中存在的问题及对策》，《经济师》2005年第4期。

② 肖金香、詹婉华：《高校人才结构与人才流失因素分析及人才建设对策》，江西农业大学，2005年第1期。

③ 陈守银、杨万文：《高校高层次人才资源共享探究》，《高教发展与评估》2005年第2期。

④ 郑卫东：《加拿大、德国、日本高校的人才战略及其启示与建议》，《高等农业教育》2006年第1期。

⑤ 庄莉：《浅论新时期高校高层次人才队伍的建设》，《福建教育学院学报》2005年第1期。

进，讲求实效，注重管理和使用，确保高层次人才能引进、留住、用好"。①

马宁和王凤芝从高校高层次人才的特征、现状、管理和使用等方面对高校高层次人才进行探讨，提出了提高高校高层次人才的整体水平，促进高校的可持续发展的一些观点。②

高迎斌（2005）分析：（1）高校高层次人才队伍存在的四方面现状，分别是高学历人才少、高职称人才少、学缘结构不合理和素质需要进一步提高；（2）高校高层次人才队伍建设存在的认识、使用、政策和评价等问题；（3）提出了观念、机制和实施人才工程等方面的策略。③

丁忠利和梅艳晓从"战略性定位""学术群的团队配置""层次性的梯队保证""开放性的学术氛围""整体性的培养方案"和"一致性的业绩评价与待遇"等六方面提出高校高层次人才队伍建设的有关思考。④

从目前文献研究的成果发现，现有高校高层次人才队伍建设管理的研究仍然相对分立，未能形成比较系统的理论观点。

4.人才政策的实施

在人才分类的基础上，各地针对人才的引进和管理提出了相关配套政策，有效推进了高层次人才队伍建设，引起了理论界的高度重视。主要分为以下几类：

一类是从人才政策分类的角度看。陈莎莉（2009）和李铭禄（2009）提出人才政策分为福利性政策和发展性政策的观点。福利性政策目的是满足人才的基本生活需要，为人才构建一个稳定的生活环境，涉及生活和工作两方面的基本待遇保障。发展性政策目的是对人才进行其智力和潜能的

---

① 谢崇高：《对当前高校人才引进的思考》，《高教论坛》，2005年第1期。

② 马宁、王凤芝：《关于高校高层次人才管理的几点思考》，《河北科技师范学院学报》（社会科学版）2005年第3期。

③ 高迎斌：《高校高层次人才队伍建设中存在的问题及对策》，《中国教育科学探究》2005年第5期。

④ 丁忠利、梅艳晓：《高校高层次人才队伍建设的几点思考》，《江淮论坛》2003年第3期。

开发，激励人才更好地在工作中表现自己，调动其工作的积极性，实现其人生价值。杨兆雄（2011）提出人才政策可分为安顿性政策和工资待遇政策的观点。

一类是从人才政策制定的影响因素的角度看。Peter Holland（2007）提出人才政策最初的出发点是满足人才各个方面的需求，人才政策能否吸引人才关键是看政策能否满足人才的需求，能否激励人才的观点。高子平（2010）提出了人才结构和产业结构相互制约、相互影响，地区人才政策的制定必须适应产业结构的发展现状的观点。

一类是从人才政策比较的角度看。伍梅（2009）通过对广西、江苏、浙江和上海等地区人才政策的比较，发现广西省应进一步完善高层次科技人才政策体系；制定更加优惠的高层次科技人才引进政策；创新引才引智模式，利用多种方式吸引人才；加大政策资金投入；积极引进海内外高层次科技人才。刘媛和吴凤兵（2012）通过对江苏省13个地级市科技创新人才政策的比较发现苏南、苏中、苏北地区科技创新人才政策存在地区差异较大、操作性不强、重复性内容较多、培育政策缺乏等问题。李俊佳（2013）通过对苏州市相城区、工业园区和昆山市人才政策的比较，发现3个地区分别形成了"全面发展""特色发展"和"有机发展"的三种人才政策模型。李国君和韦伟光（2013）通过对江苏、吉林、海南、福建、宁夏、广西人才政策的比较发现各个地区在高层次创业人才引进政策的制定中存在突出的趋同性，存在政策共性明显、时效性不强、缺乏绩效评估、缺乏区域特色、影响力不够大等问题。祝瑞（2013）通过对杭州、上海、北京、广州四个城市海外高层次人才政策的比较，发现这些地区人才政策存在海外高层次人才界定不合理、地区缺乏必要的特设机构、缺乏地区经济特色等问题。地方政府在引进海外高层次人才工作时应设立专门的高层次人才服务机构；加大配套设施投入；掌握政策适当性；扩展人才引进渠道。

一类是从人才政策成效的角度看。陈莎莉（2009）指出各个地区在对人才的发展性政策的供给方面还不够完善是政策的共性。欧水木和伍梅（2009）指出高层次人才引进和培育政策的落实存在资金投入不足、实施方法单一、机制不够完善等问题。李从欣（2011）指出近年来我国部分地区的高层次人才流失问题越来越严重，这个问题的存在不是因为地区缺乏政策而是因为政策本身缺乏特色而导致竞争力的不足。所以必须要破除体制性的障碍，寻找阻碍人才流动的原因，才能保证各个地区人力资源竞争力的提高。

五、结语

根据我国人才标准的发展历程，品德、知识、能力和业绩这四个条件构成了公认的人才标准基本要素，而在人才标准的内在构成与外显形式上并未形成统一的意见。随着时代的发展，我国人才构成逐渐发展成六大分类，基本涵盖社会发展所出现的各种新兴领域。基于我国人才市场这一巨大变化，传统的人才标准和人才政策存在滞后和不足。各个地方政府虽然认识到人才工作的重要性，但由于对人才、高层次人才、高层次创新人才等各类概念的界定不清，以及体制性障碍，造成各地人才政策的实施效度不一，特色不足，全国人才流动不均衡，未能获得较好的政策预期。从学界的研究来看，研究的视角比较单一，缺乏对人才标准的系统研究，使得人才标准内容不够丰富，不能满足新时代人才变化趋势。

因此建议从以下方面予以完善：第一，拓宽研究视角。中国的人才市场与全球人才市场的联系密切，人才引进不分国籍。但目前我国尚未形成良好的人才环境，人才资源开发机制不健全，一些区域人才观念比较落后，因此人才标准的制定光靠"土政策"是达不到预期效果的，应与国际人才标准接轨。第二，完善人才标准的内外构成。人才标准的研究层次单一，应结合各类人才特点分别确定人才标准构成，建立多维度分层次的特色人才标准，而对于不同层次的人才，其人才标准构成要素的比例也应相区别。第三，考虑明确人才标准的统计标准，定性与定量相结合。我国人才统计标准由于其笼统性，使用价值备受争议，需要综合和细化学历、资格、职称、职务等统计标准，进行定性分析，并把职业、工作性质、薪酬、知识产权等指标引进到统计标准体系中，根据这些指标在人才标准不同层次中的重要性进行定量分析，从而提高人才标准的经济效益和管理效益。

人才兴则民族兴，人才强则国家强。历史和现实表明，人才是社会文明进步、人民富裕幸福、国家繁荣昌盛的重要推动力量，是我国经济社会发展的第一资源。当前，世情、国情正在发生深刻变化，人才发展面临新形势新任务新挑战。世界正处于大发展大变革大调整时期，世界多极化、经济全球化深入发展，科技进步日新月异，知识经济方兴未艾，人才已经成为一个国家的核心竞争力。我国必须加快推进人才队伍建设，逐步实现我国由人力资源大国向人才强国的转变。

第二章　相关理论研究

一、人才流动动因

（一）经典理论

随着人类社会的发展，关于人才流动的研究备受关注。人才流动的理论成果丰硕，主要集中在个体、组织和社会三个层面。

1.个体层面的人才流动理论主要内容

（1）舒尔茨的人力资本理论

人力资本理论主要包括：①人力资源是一切资源中最主要的资源，人力资本理论是经济学的核心问题。②在经济增长中，人力资本的作用大于物质资本的作用。人力资本投资与国民收入成正比，比物质资源增长速度快。③人力资本的核心是提高人口质量，教育投资是人力投资的主要部分。不应当把人力资本的再生产仅仅视为一种消费，而应视同为一种投资，这种投资的经济效益远大于物质投资的经济效益。教育是提高人力资本最基本的主要手段，所以也可以把人力投资视为教育投资问题。生产力三要素之一的人力资源显然还可以进一步分解为具有不同技术知识程度的人力资源。高技术知识程度的人力带来的产出明显高于技术程度低的人力。④教育投资应以市场供求关系为依据，以人力价格的浮动为衡量符号。舒尔茨认为人力资本形成包括医疗保健投资、教育投资和劳动力迁徙投资，其中人才资源载体迁徙投资的结构不仅会影响人才资源载体的收益，还会导致"外在式智力外流"。

（2）勒温的场论

勒温认为心理场就是由一个人的生活事件经验和未来的思想愿望所构成的一个总和，它随着个体年龄的增长和经验的累积在数量上和类型上不断丰富和扩展。同时每个人心理场又有其个别差异性，但总的来说一个人的生活阅历越丰富，则他的心理场的范围就越大，层次也越多。

为了更好地说明心理动力场，勒温提出了一个新的概念——心理生活空间（life space），也简称生活空间。生活空间实际上就是心理动力场和拓扑学、向量学相结合的另一种心理学化的表现方式，$B = f(PE)$ 这一公式就代表了一个人的生活空间。在这个公式里，B 代表行为，f 是指函数关系（也可以称为一项定律），P 是指具体的一个人，E 是指全部的对心理场的解释环境。用文字来解释这个公式的话，就是说行为是随着人与环境这两个因素的变化而变化的。为了更确切地具体分析一个人在特定情境中的行为，勒温提出了心理环境这一概念。心理环境也就是实际影响一个人发生某一行为的心理事实（有时也称事件）。他认为个人的绩效很大程度上取决于其自身的素质、能力及所处的环境。

（3）库克曲线

美国学者库克（Kuck）提出了另外一条曲线，从如何更好地发挥人的创造力的角度论证了员工流动的必要性。库克曲线告诉我们：创造力的发挥有一个最佳期 BC，超过了一定年限，雇员的创造力会进入衰减稳定期 DE。为激发员工的创造力，应及时将该岗位上的员工退出，变换工作岗位和环境，或流出企业。[①]

---

① http://wiki.mbalib.com/wiki/%E5%BA%93%E5%85%8B%E6%9B%B2%E7%BA%BF.

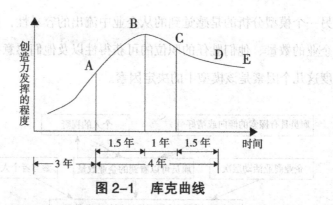

图 2-1　库克曲线

2.组织层面的人才流动理论

（1）马奇和西蒙模型

美国学者马奇和西蒙在《企业论》中提出了关于员工流失的模型——马奇和西蒙模型，又被称为"参与者决定"模型。试图将劳动力市场和个体行为融为一体来考察和研究员工流失。

该模型实际上是由两个模型共同构成的。一个模型分析的是感觉到的从企业中流出的合理性，其中员工对工作的满意程度及其对企业间流动的可能性的估计是两个最重要的决定因素。工作满足度是与雇员在工作中自我价值的实施、对工作中各种关系的把握及对工作角色或其他角色的胜任程度等相一致的。工作中自我价值的实现取决于工长的工作作风、所得报酬的多少、雇员对工作安排的参与程度、受教育情况与升迁及加薪的关系等。

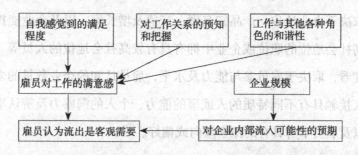

图 2-2　马奇和西蒙模型：决定员工感觉到的流出的合理性因素

另一个模型分析的是感觉到的从企业中流出的容易性，员工所能够看到的企业的数量、他们胜任的职位的可获得性以及他们愿意接受这些职位的程度这几个因素是该模型中的决定因素。

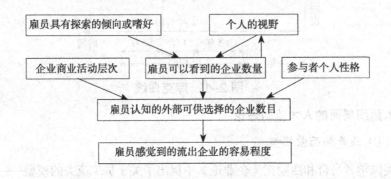

图2-3　马奇和西蒙模型：雇员感觉到的流出的容易程度因素

雇员感觉到的流出的容易程度的决定因素中，马奇和西蒙特别强调雇员所能够看到的企业的数量、他们胜任的职位的可获得性以及他们愿意接受这些职位的程度。这个雇员流出模型是基于如下几点假设的：

① 雇员首先对现有工作是充分胜任的或称职的；

② 外在可供选择的企业的数量是雇员工作或职业能力的函数；

③ 雇员参与的能力及性格，包括：性别、年龄、社会地位、工龄及专业特点；

④ 雇员认知的企业的数量。雇员看到的企业数量的多少，从企业的角度看取决于企业地位、产品知名度、产值及增长率，以及企业能提供的具有较高社会地位的职位或企业中拥有具有较高社会地位的人员等。从雇员的角度看，取决于雇员参与能力及水平，雇员认知的企业数量的多少取决于个人接触具有不同特质的人或事的能力、个人的洞察力及辨认事物的能力，以及雇员本身具有的探索倾向或偏好。①

---

① 引自 http://baike.baidu.com/view/3442066.htm.

（2）普莱斯模型

普莱斯是美国对员工流失问题研究卓有成就的专家。普莱斯建立了有关员工流出的决定因素和干扰变量的模型——普莱斯模型。该模型指出，工作满意度和调换工作的机会是员工流失和其决定因素之间的中介变量。工作满意度可以用来反映企业内员工对企业持有好感的程度。得到工作的机会显示出员工在外部环境中角色转换的可行性。普莱斯理论模型的前提条件是：只有当员工调换工作的机会相当高，且员工对工作不满意时才会导致流失。

普莱斯定义了决定员工流出的主要因素为：工资水平、融合性、基础交流、正规交流以及企业的集权化。前四种因素与员工流出呈现正相关性，企业的集权化与员工流出呈现负相关性。工作满足度和变化工作的机会是员工流失和其他决定因素之间的中介变量。①

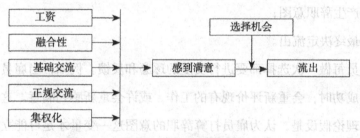

图 2-4　普莱斯模型

（3）莫布雷中介链模型

莫布雷在马奇和西蒙模型的研究基础上进一步提出莫布雷中介链模型。着重描述了工作满意度与实际离职行为之间的行为和认知过程。莫布雷认为，应该研究发生在员工工作满足与实际流出之间的行为和认知过程，并用这种研究来代替对工作满足程度与流出关系的简单复制。指出员工从企业真正流出的基本因素为工作满意度、对在企业内外改变工作角色收益

---

① 引自 http://baike.baidu.com/view/3236448.htm.

的预期、非工作价值观及偶然因素。①

许多研究都发现工作满足程度和人员流出之间呈负相关关系，而且，两者的负相关性是一贯的。但是两者之间的相关性不是特别强。莫布雷认为，应该研究发生在雇员工作满足与实际流出之间的行为和认知过程，并用这种研究来代替对工作满足程度与流出关系的简单复制。莫布雷吸收了马奇和西蒙模型的优点，建立了自己的关于雇员流出选择的理论模型。在他的模型中，将一些可能的中介变量加入到工作满足与流出之间的关系中，因此他的模型也吸收了普莱斯模型的优点。

该模型指出：

①雇员对工作的不满意会导致其产生辞职的想法；

②之后会寻求对这种想法和行动的评价；

③进而衡量其他可能的选择方案；

④产生辞职意图；

⑤最终决定流出。

雇员每做一次选择都要进行反复的琢磨和反馈。例如，当雇员寻找新工作不成功时，会重新评价现有的工作，或许会重新感到满意。这一模型的主要理论假设是，认为雇员打算辞职的意图这一变量才是可能立即导致雇员流出的因素，而不仅仅是对工作的不满足。

这一模型强调将流出作为一个选择过程，并对把工作满足与流出的关系直接作为雇员流出的先兆的论点提出质疑。一般来说，根据简易模型进行的研究支持如下假设，即认为雇员有流出意图是最好的流出预报器，过程或行为变量包括工作满足度对雇员流出的预测都不及雇员有流出意图来

---

① 牛冲槐、张永红著：《区域人才聚集效应研究》，知识产权出版社，2013年，第21页。

得更为准确。[1]

3.社会层面的人才流动理论

（1）配第－克拉克定理

产业结构理论中，"配第－克拉克定理"表述为：随着经济的发展，人均国民收入水平的提高，第一产业国民收入和劳动力的相对比重逐渐下降；第二产业国民收入和劳动力的相对比重上升，经济进一步发展，第三产业国民收入和劳动力的相对比重也开始上升。配第发现随着经济不断发展，产业中心由有形的物质生产逐渐转向无形的服务生产，劳动力相应地由农转工再转商。克拉克在此基础上揭示了人才资源按照第一、第二和第三产业梯次转移的规律。

配第－克拉克定理的主要形成机制有：

①收入弹性差异：第一产业的属性是农业，而农产品的需求特性是当人们的收入水平达到一定程度后，难以随着人们收入增加的程度而同步增加，即它的收入弹性出现下降，并小于第二产业、第三产业所提供的工业产品及服务的收入弹性。所以，随着经济的发展，国民收入和劳动力分布将从第一次产业转移至第二、第三产业。

②投资报酬（技术进步）差异：第一产业和第二产业之间，技术进步有很大差别，由于农业的生产周期长，农业生产技术的进步比工业要困难得多，因此，对农业的投资会出现一个限度，出现"报酬递减"的情况。而工业的技术进步要比农业迅速得多，工业投资多处于"报酬递增"的情况，随着工业投资的增加，产量的加大，单位成本下降的潜力很大，必将进一步推动工业的更大发展。

配第－克拉克定理不仅可以从一个国家经济发展的时间序列分析中得

---

① 引自 http://baike.baidu.com/link?url= LKiPq8tG4_PQfiKQMGQaRn0mKBD8lHe8ffymP8Su9wLqG50yIGNf20−s0ZrER0qC6rxuICW79EJPGD8PcEO6kq.

到印证，而且还可以从处于不同发展水平的不同国家在同一时点上的横断面比率中得到类似的验证。即人均国民收入水平越低的国家，农业劳动力所占份额相对越大，第二、三产业劳动力所占份额相对越小；反之，人均国民收入越高的国家，农业劳动力在全部就业劳动力中的份额相对越小，而第二、三产业的劳动力所占份额相对越大。

（2）人才结构调整理论

我国学者王通讯在论文《人才结构调整理论》中指出，在世界经济一体化潮流的推动下，发达国家面向知识经济的经济结构调整，必然会对我国的经济结构产生冲击。总的来看，第二产业向着发展中国家包括我国的梯次转移，具有两面性。一方面可能有利于我国欠发达地区的工业化进程；另一方面，又有可能不利于我国环境保护和生态平衡。因此，在保持第二产业人才资源总量适量增长的同时，还应注意培养造就我国自己的环保、生态人才，以及利用信息技术改造、带动传统产业的人才。这是面向新世纪制定国家人才战略的题中应有之义。

一个国家的人才资源总量从理论上可以划分为两大部分。一部分叫做"人才资源存量"，一部分叫做"人才资源增量"。所谓人才结构调整，从调整"把手"上讲，第一是要对准"存量"做文章，通过继续教育、转岗培训、深造进修等方式，使原有的人才类型发生转变，从而符合社会经济发展的需要；第二是要对准"增量"做文章，也就是要通过调整学校的专业结构，达到从"来源"上调整人才结构的目的。

一个国家的经济发展与人才布局有着其内在的发展规律性，其中最重要的一条是，无论是向着哪个地区、哪个产业、哪个部门转移，前提是那个地区、产业或部门必须有足够的"人才吸纳能力"，否则就不能容纳转移进去的人。这种能力需要培养。国家之所以强调"市场机制"为基础，就是强调不要以人为因素去"强制嵌入"多少人才，从而导致"人才"与"经济"不能相互耦合，到头来还是达不到推动经济发展的目的。而"市场机制加行政机制"恰恰能够自然而然地通过"供求关系"调整所需人才的质量与数量，所以是正确的。[①]

（3）效率性人才流动理论

有学者引入"边际劳动生产率"的概念，提出效率性人才流动理论。通过边际劳动生产率的变化对人才流动做出有根据的决策。边际劳动生产率若是下降了，就通过人才流动的办法加以解决，否则单位的效益还会下降。边际劳动生产率低的单位应鼓励员工的流出，边际劳动生产率高的单位应吸收人才流入。[②]

（二）人才流动的动因

人才流动的动因可分为引致性动因和驱致性动因。

1. 人才流动的引致性动因

（1）社会与经济发展动因

随着社会与经济发展，人才总需求量和人才结构也在发生变化。这种变化促进了人才流动。社会经济的不平衡发展往往会导致产业性质的转换及产业在地区之间的转移，出现区域人才需求不均衡现象，进而诱引人才流动。

（2）区域要素边际收益差别动因

一般来说，在经济利益的引致下，经济要素总是从要素边际收益较低的区域流向要素边际收益较高的区域。人才是一种特殊的经济要素，他们同样遵守经济要素的流动规律，从边际收益较低的地区流向边际收益较高的地区。

---

① 王通讯：《人才结构调整的理论》，《继续教育与人事》2001 年第 10 期。
② 王福波：《国内外人才流动理论研究综述》，《重庆三峡学院学报》2008 年第 2 期。

（3）区域自然地理差异动因

自然地理环境的差异容易产生地区比较优势，自然地理环境较好的地区往往山清水秀、碧水蓝天、空气清新，对优秀人才有巨大的吸引力。而自然地理环境较差、生态环境恶劣、污染严重的地区不仅不能吸引人才，还往往是人才流出的地区。

（4）区域科教与文化底蕴的差距动因

区域的科教与文化底蕴也往往是引起人才流动的重要因素。科教与文化底蕴是一个区域的软环境，是这个区域特有而其他区域短期内难以学习、模仿和超越的区位因素，其独特性使这种区位因素可能会形成区位优势，成为吸引科技型人才聚集的又一引力源。区域的科教水平越高，文化底蕴越深厚，其区位优势越明显，吸引人才的能力也就越强。

2.人才流动的驱致性动因

（1）自我价值实现动因

人才是一个优秀的群体，他们在注重物质利益的同时，更追求自我价值的实现。当一部分人才在原有的区域内难以充分展现自己的才华，实现自我价值时，便会产生流动愿望。并通过流动寻求新的区域，以更好地实现自我价值。

（2）家庭利益动因

家庭是人们日常生活的重要一面。在人才流动中，有相当一部分是因为家庭利益所致，如夫妻分居、孩子上学和就业或父母需要照顾等。

（3）社会价值实现动因

有相当一部分人才注重他们的社会价值和个人价值能否在工作单位得到良好的展现。如人才认为自己的才能被埋没，得不到用人单位的正常提拔和重用，对用人单位所作的贡献得不到社会的肯定和回报等，就会产生流动的意愿。人才流动是社会化大生产的必然产物，是产业结构发展变化对人力资源合理配置提出的必然要求和解决途径。人才流动的根本原因是经济结构调整过程中产生的地区之间、部门之间的收益差异。人才的流动既要保证适度原则，又需保持相对稳定。

二、人才管理与人力资源管理的比较分析

高校高层次人才的管理应与我们通常意义上所说的人力资源管理相区分。本书所研究的对象——高校高层次人才属于高校的人才资产，人才资产与人力资源的差异非常明显，具体表现为：

（一）高校对人才资产与对人力资源的需求不同

高校对人才的需求，在于他们能够满足市场竞争趋势，以其创新能力带给企业获利空间。而高校对人力的需求，是他们所提供的"操作、劳动力"，这是一种重复性工作，在以规模经济为主的工业时代，重复性工作是生产所必需的，但在知识经济时代，高校需要的乃是创新力，而这创新力正是源于人的知识储备。

在知识经济体系中，现代高校所需求的人才，必须具备含有技能、创造性、个性特征及专业资格的综合能力，这些能力属于"重复操作"的比率很低，因为在新时代环境不断在变，依靠知识含量去不断创新的必要性却愈来愈高。高校高层次人才大都从事教学科研工作，其知识技能要求更多强调"高、新、准"，因此其知识储备与一般从事后勤行政教学保障等一般劳动力相比具有较大的差别，这也就是人才与人力的差异。

（二）人才与人力的对象领域不同

高校的人力资源系统，涵盖高校内全体员工，其领域是"全高校"，但在人才资产项目，审计对象是具有知识含量的员工，且其知识含量能满足高校发展需求，其领域是高校部分员工。

审计人才资产不应为高校内部带来歧视与纷争，相反的，审计人才的过程，应积极鼓励全体教职员工提高其工作的知识含量，使全体教职员工从人

力提升到人才，使人才资产的领域从部分发展到全校。

（三）高校供给人才与供给人力的条件，以满足他们不同的需要

一般来说，在欧美许多深度工业化国家，企业经营者与员工之间，往往长期陷入紧张关系，员工要求与企业供给之间，是一场永无休止的争战。放置在高校这个特定的环境下，其对人才和人力的供给条件也具有相似特点。

人力资源管理系统在这种背景下，发展重点是一直放在扩大高校供给面的方向上。这个管理系统的主要内容，包含聘用与录用的基本人权保障、报酬的公平性、薪酬与福利、各种劳动保险、劳动合同、劳资争议、工会权利、劳动安全与卫生管理等，这些物质上的供给当然对鼓励劳动意愿很重要，也是极有效的手段，但在知识经济体系中，人才若在他的环境中无法满足其对知识含量成长的需求，人才是会干枯、流失的。发展中的高校提供给人才更多分享知识的空间与机会，更多参与知识创造与策略制定的机会，使人才在这种环境下可以快速提高他的知识含量，得以更加确定"人才"的功能与其市场价值。因此人才需要高校提供的条件，与过去人力资源的需求不同。

（四）管理人才与管理人力的评价焦点与评价坐标不同

在人力资源管理系统中，人力评价方式就是通过绩效考评而对教职员工的工作现状与结果进行考察、测定和评估的。绩效考评简称考绩，是传统人事管理中的一种控制手段，也一直停留在记录教职员工工作绩效的功能上。随着人力资源管理理念的更新，很多高校也采用了员工培训观念，将绩效考评结果作为培训的目标，而建立绩效管理系统模型。

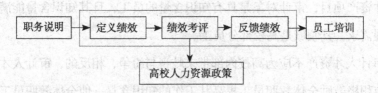

图 2-5　高校绩效管理模型

这个管理系统模型，在旧有的人力资源概念下，无可厚非。但这个系统其实是建立在一个更基本的逻辑上，该逻辑模式是：

$$P = f(M, A, E)$$

其中，P 为工作绩效，M 为激励，A 为工作能力，E 为工作环境

在这个模式里，绩效受到环境与激励程度及工作能力的影响，工作能力只是影响工作绩效的三个因素之一，因此传统人力资源管理的重点一直在强调高校应投资更好的工作环境，提供更好的激励方案，更多的福利措施。但随着现代高校建设的推进，知识资源，或是知识含量成为这个体系中最重要，甚至可能是"唯一"的重要资源，我们可以将评价公式写成：

$$P = f(K, A)$$

其中，A 表示工作能力，即具有"知识含量"的工作能力，K 表示市场对该工作能力的需求状况。

这个公式也就更加凸显了具有较高"A"因子影响的高校高层次人才在工作绩效上与一般劳动力的区别。

除了上述评价焦点不同之外，评估人才和人力的时间坐标也完全不同。在人力资源的定义里，每个教职员工的基本资料都以其学历、经历或专业证照为主，这些资料不但是制定薪酬与福利的根据，也往往在主观上影响绩效考评的结果。其实这些资料在时间坐标上都属于"过去"，属于"历史"；这些资料只反映教职员工具有某些工作能力的"可能"或"潜力"，并无法保证这些能力一定得以发挥。

但对于现代高校建设进程中，高校需要的是能力中的知识含量，而不是学历中的知识含量。高校看重的是"现在"的能力是否能发展到"未来"的创造力。随着高校"双一流"工作的每一次推进，高校人才构成中高层次人才对高校的贡献更多地体现在"未来"，因此评价的时间坐标不同，是第二个评价标准的差异。

（五）管理人才与管理人力的评估方法不同

不同评价标准，自然发展出不同的评估方法。亚洲国家组织机构内因受东方传统文化影响，在评估项目中加入很多属于个人道德层面的东西，这些是西方组织机构中没有的。另一方面，东方文化注重"人情与面子"，因此对绩效考评的工作往往因要求"和谐、和气"而扭曲，无法发挥其对高校组织生存发展的重要作用。所以即使高校组织内部引入更多先进的管理观念，也仍然会设计出"多层多方"具有中国特色的评估方法来。

三、高层次人才管理模型

尽管人才管理的方式方法有很多，但一个高绩效组织所使用的模型中，都包含三个彼此关联的要素：纲领、战略和体系。因此，对于致力于"双一流"建设的高校中，需要构建高层次人才管理模型。

（一）高层次人才纲领

高层次人才管理纲领由一系列核心原则、价值观和双方的期待组成，这些内容将会在高校组织内得到广泛地传播，成为高校组织及其教职员工的行为指引。总的来说，这些原则描绘了高校组织努力创造的文化的类型，组织以此赢得自己独特的成就。高校组织通过多种手段把这些纲领的原则嵌入到人才管理战略和体系当中，例如，把它的条目纳入选拔标准、胜任力定义、绩效标准和内部人才选拔和发展的过程。[①]

1. 人才管理接受度模型

不同的组织在对人才管理和建立高绩效文化上的投入各有不同。新型的人才驱动型文化基于组织的价值、任务和战略而有不同表现，但很难改变既有

---

① （美）兰斯·A.伯杰、（美）多萝西·R.伯杰编著：《人才管理：甄选、开发、提升最优秀的员工，让人才成为组织的持续竞争优势》，北森人才管理研究院译，中国经济出版社，2012年，第3页。

的结构、传统和过去的运营惯例。对于希望向促进和支持高绩效的文化以及持久的人才驱动实践转变的组织而言，这一过程可能是缓慢和艰巨的，而几项关键的措施是必不可少的。这些措施可以通过领导者愿景、底层架构、过程和人员，以及实施者来进行分类。实施者们是那些实践并宣扬 Hamel 所说的"吸引力组织——人们选择加入和为之贡献的组织"价值的人。

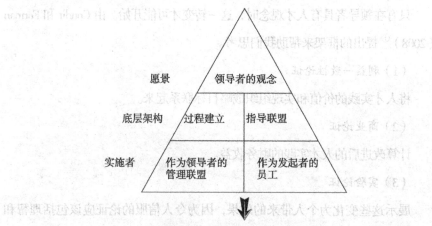

结果：高绩效文化以及吸引力组织

图2-6　人才接受度模型

麦肯锡率先将许多人已经认识到的这一点进行了具体化：如果老板不支持，大变革是不可能发生的。在麦肯锡的《人才战争》一书中，领导者的人才观被认为是同行业的成功企业与不那么成功的企业间的首要区别因素。其重要性得到实证研究的验证研究结果与许多众所周知的案例是一致的。杰克·韦尔奇提倡和宣扬人才管理实践，而 GE 的人才状况也反映了他的热情。他在十五年中每两周为新晋的 GE 管理人员教授一堂半天的课程，从来没有缺席过任何一堂课。

安迪·葛洛夫向所有英特尔经理层教授如何洞悉微处理器市场的变化，以作为他们个人发展的重要部分。山姆·沃尔顿在沃尔玛成立之初即灌输"雇员第一"的哲学，而赫伯·凯勒赫会出现在西南航空的雇员（甚至其家属）的病房以表达他对员工的关注。百事的韦恩·加洛韦会花数周的时间与其关键管理人员讨论公司战略，并在这些管理人员的个人发展中担任重要的导师角色，而 P&G 的 AG·雷富礼则会将自己时间的 30% 至 50% 花在培养未来领导者上。

相对其将人才视为成本而非资产的同行们，这些组织都具有显著的优势。在这一阶段真正的困难在于，领导们都提出好建议但却不能以实际投入和行动切实执行。

只有在领导者具有人才观念时，这一转变才可能开始。由 Condit 和 Forman（2008）[①] 提出的框架来帮助我们思考。

（1）利益一致性论证

将人才实践的价值和实现组织战略目标联系起来。

（2）商业论证

计算改进后的人才实践的财务收益。

（3）实验论证

展示这些变化为个人带来的效果，因为令人信服的论证应该包括理智和感情两个层面。

2.胜任力理论

20 世纪 70 年代，在探讨员工卓越工作表现的原因时，戴维·麦克莱兰发表了《测量胜任力而非智力》，这篇文章的诞生在学术界和业界掀起了一场"胜任力运动"。实践经验研究表明，传统意义上的智力测验和能力倾向测验在探究员工实际工作表现上的作用和借鉴意义不大，麦克莱兰就提倡运用胜任力模型设计来取代传统意义上的智力测验和能力倾向测验，在这里，测量胜任力就成为预测员工未来工作绩效的方法，因为麦克莱兰经过长期的观察发现，业绩表现优秀的员工之所以如此出色，关键在于胜任力。而胜任力和知识、技能、行为和动机等要素有关。假如说管理者能够花费更多的时间和精力来研究高绩

---

① Condit, R., and D.Forman.2008.Compelling cases for change. Washington, D.D.: Human Capital Institute.

效水平的员工，就能够找到和追踪导致绩效差异的深层次原因。麦克莱兰指出胜任力的要素主要包括知识、技能、社会角色或者价值观、自我认知、特质和动机等，这些要素都和工作或者工作业绩直接相关联，可以较好地预测员工的实际工作业绩。胜任力作为人力资源管理的新概念，强调在特定岗位、文化氛围和组织环境中业绩卓越者具备的能客观衡量的特质[①]。

（1）麦克莱兰的冰山模型

著名的冰山模型由麦克莱兰于1973年提出，在这个模型里，麦克莱兰形象地把人才的胜任力比喻成一座漂浮在海面上的冰山，水面上的冰山代表着知识和技能，水面以下的冰山分成了四个层次，分别代表社会角色或价值观、自我概念、特质和动机。详见图2-7，从图上我们可以看出，水面上的知识和技能是容易被观察和发现的，作为胜任力的显性特征；水面以下的4个层次很难被发现和观察，代表胜任力的隐形特征。从整体上看，麦克莱兰用六个层次来划分胜任力，每个层次的排序都暗含深意，之所以用冰山来比喻胜任力，也是因为不同的深度代表该胜任力被感知和发现的难易程度，可以说，越往下越难以发现和观察。

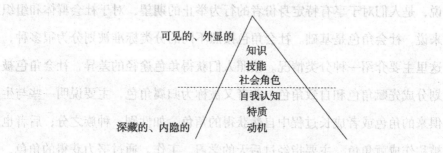

图 2-7　麦克莱兰的冰山模型

①技能：主要是指通过不断的练习获得的可以完成相应任务的动作

---

① 马欣川：《人才测评－基于胜任力的探索》，北京：北京邮电大学出版社，2008年，第81-89页。

系统。

根据熟练程度,可以把技能划分成初级技能和技巧性技能两种。其中,初级技能代表"会做"某事,但尚不熟练。但是如果个体经过反复练习,动作就会日臻完善达到技巧性技能程度。根据技能的性质和特点,被分成动作技能和智力技能两种。写字、打球等活动反映的是运动技能,计算、绘画等活动反映的是智力技能,在技能的形成中,各类技能不是截然分离而是相互影响的。技能正、负迁移分别表示已有技能对新技能的促进或者干扰情况。

②知识:不同的学科给出了不同的知识界定,心理学认为知识是个体通过与环境相互作用后获得的信息。知识从广义上被分为两类:陈述性知识和程序性知识,前者指描述客观事物所具备的特点和关系的知识;后者指一系列有关如何行为处事的操作步骤方面的知识,主要解决"做什么"以及"如何做"等问题。具体到工作岗位上,知识反映了胜任某项工作应具备的知识结构和程度,比如说理论知识、规章制度、法律法规以及其他知识。

③社会角色:指个人对于一定社会规范的理解和感知。从他人角度来说,是人们对于享有特定身份者的行为举止的期望,对于社会群体和组织来说,社会角色是基础。社会角色按照不同的分类标准被划分为很多种,这里主要介绍一种分类情况。按照人们获得角色途径的差异,社会角色被划分成先赋角色和自致角色。前者又被称为归属角色,主要说明一些与生俱来的角色或者成长过程中自然获得的角色,如性别、种族之分;后者也被称作成就角色,主要指经过后天的学习、工作,通过努力获得的角色,如创新人才、科学家、发明家等。

④自我认知:指个人对自己身份的观察和理解。自我认知被分为自我观察和自我评价。前者是指个体对自身的感知、思维和主观意向等的觉察;后者是指个体对自我的要求、想法、行为以及人格的判断与评价。自我认

知作为自我调节、自我完善的重要前提条件，对于胜任力研究有着很好的借鉴意义。如果个体无法正确认识自己，要么会过于自负甚至自大，造成重大失误；要么自卑，做起事来畏手畏脚，不利于个体成长和成功。

⑤特质：指个体与生俱来的反映在生理和行为上的方式，是个体面对情境或者信息时的一致性反应。在外界环境以及多种信息的综合影响下，一个人在个性和心理特征等方面所表现出来的行为方式，比如说有的人非常严谨务实、抗压能力强、从善如流等。卡特尔将特质分为个别特质和共同特质、表面特质和根源特质。这里主要介绍后者，从特制的层次上进行区别，表面特质位于人格结构的表层，能够根据个人的行为明显观察到，而根源特质位于人格结构的内部，是行为的深层次原因，对个人行为起决定作用，但是不容易观察和感知。从理论上说，根源特质派生和影响了表面特质，后者是前者的表现形式。比如，高学历作为表面特质，是由学习能力、恒心和毅力等多方面根源特质引致而成；同时，学习能力作为根源特质又影响了学业、职业和兴趣等多方面的表面特质。

⑥动机：主要指由特定需要引发的，想满足形形色色需要的一种心理状态和主观意愿。换句话说就是指一个人希望做某件事情并且在内心深处形成的思维路径。通俗来讲就是一个人做出某项决定时产生的念头。总之，动机是一个人的内心想法和实际行动一致的倾向。深挖个体的动机可以帮助我们全面地观察和评价个体行为，透过千变万化的现象来探寻深层次的真实原因。[①]

（2）斯宾塞的冰山模型

斯宾塞（1993）等学者在麦克莱兰提出的冰山模型基础上进行了改变，将原来是六个层次的冰山模型减少成五个层次的冰山模型。从具体内容上

---

① 李明斐、卢小君：《胜任力与胜任力模型构建方法研究》，《大连理工大学学报》2004年第3期。

看，冰山水面以上的部分依旧是两个内容：知识和技能，只是把冰山隐在水下的层次变成了自我概念、特质和动机三个方面，删去了社会角色或者价值观的内容。详见图2-8，我们可以很直观地发现，在斯宾塞的冰山模型中，胜任力从低到高的顺序依次是：动机motives、特质traits、自我概念self-concept、知识knowledge和技巧skill。

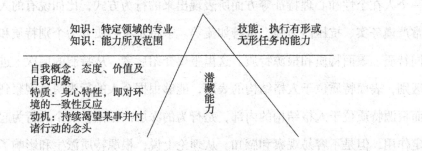

知识：特定领域的专业知识：能力所及范围　　技能：执行有形或无形任务的能力

自我概念：态度、价值及自我印象
特质：身心特性，即对环境的一致性反应
动机：持续渴望某事并付诸行动的念头

潜藏能力

图2-8　斯宾塞的冰山模型

斯宾塞的冰山模型把人的胜任力也分成两类，知识和技能在水面以上，动机、特质等情感智力部分隐藏在水面以下。一般来说，水面以上的冰山看得见摸得着，也被称作表面胜任力，在培训环节最容易产生效果，因为知识和技能的习得可以从多个方面和环节进行训练强化，可以运用考试法、操作法和情景模拟等方法评估和测试培训效果。然而，作为海上冰山底部的动机、特质和自我概念等，既难以接触和感知，也难以更改，正应了一句话，"江山易改，秉性难移"，而且这部分内容往往在实际的测评中存在很大的测量难度，也易于为人们所忽视。虽然这三点在个体能否成功中起到关键性的作用，相比水面的知识和技能而言，比较难以通过培训的方式加以完善，因此，我们要建立科学的评价方式，准确地发现和评价那些满足企业需要的胜任力的人才。

（3）洋葱模型

斯宾塞等学者在麦克莱兰提出的冰山模型的基础上，加以改变，构建了洋葱模型（详见图2-9所示）。在这个图里面，我们可以很清楚地发现洋葱模型对于麦克莱兰在冰山模型中提出的六层次说予以保留，只是把六个层次分成三类。具体来说，斯宾塞的洋葱模型表面反映的是知识和技能，相对来说，个体容易发展一些；洋葱的中间层是个体的社会角色或者价值观和自我概念，观察和获取难度要大于洋葱表层的知识和技能，培训的效果也难以保证；洋葱的核心层是个体的特质和动机，是所有胜任力内容中最难以改变和评价的，因为隐藏的程度比较深，具有一定的伪装性，我们经常说的江山易改秉性难移就是指的这一层。但是这一层因为对个体胜任力具有决定性的作用，任何努力和尝试都是值得推荐和鼓励的，事实上，也不乏经过个体主观努力和勤奋研习，在一定程度上改善了个体的特质和动机，取得了明显的进步和骄人的成就。[①]

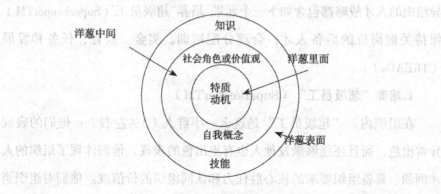

图2-9 洋葱模型

（二）高层次人才战略

高层次人才战略指对高层次人才发展或高层次人才开发带有全局性、长期性和根本性的谋划或对策。高层次人才战略的制定是与高层次人才资源的开发密切相关的，制定一个好的开发高层次人才资源的战略，可以更加迅

---

① 李黎、胡蓓:《胜任力模型与人力资源整合》,《自然辩证法研究》2008年第24卷第9期。

速而有效地开发高层次人才资源。高层次人才战略是为高层次人才开发服务的，制定高层次人才战略，既要确定长远的发展目标，如选拔和培养高层次人才的数量和质量、高层次人才配备的比例等，还要突出重点，如在某一时期侧重选拔和培养何种人才并安排好各类人才选拔和培养的轻重缓急等。制定高层次人才战略要以科学预测为依据，要立足全局，照顾到各个部分和方面；要着眼于长远，还要有分阶段的[①]切实可行的具体规划、措施。

高校作为组织机构实行高层次人才战略，能更明确当前需要投资哪类人才，以便在未来能最大限度地在竞争中脱颖而出。人才管理战略把劳动力视为人力资本的投资组合，且会通过评估每个人在目前和将来对组织的贡献来制定不同的投资组合。要基于组织的人才纲领，对不同的人进行不同类型的投资。据研究发现，不论组织的人才纲领是什么，大多数绩效优异组织的人才战略都包含如下三个元素：培养"超级员工"（SuperkeeperTM）；保持关键岗位的后备人才；合理分配培训、奖金、教育、任务和发展（TREADs）。

1.培养"超级员工"（SuperkeeperTM）

在组织内，"超级员工"是这么一小群人（3%左右）：他们的表现异常出色，而且还能够激发他人也有更出色的表现，他们体现了组织的人才纲领、具备组织要求的核心胜任力和认同组织的价值观。他们对组织当前和未来的绩效都起到举足轻重的作用。因此，这些人的流失或缺乏将严重阻碍组织的发展。比尔·盖茨曾经说："如果带走我们这里最优秀的20位员工，那我敢说，微软将变成一家平庸的公司。"[②]

---

① 张辉旺主编：《管理思维经营技巧大全.厂长经理实用手册》，科学出版社，1991年，第154页。

② （美）兰斯·A.伯杰、（美）多萝西·R.伯杰编著：《人才管理：甄选、开发、提升最优秀的员工，让人才成为组织的持续竞争优势》北森人才管理研究院译，中国经济出版社，2012年，第4页。译者注：盖茨的原话是让他带走20个核心员工，他可以重建微软。

2.保持关键岗位的后备人才

第二个要素涉及关键职位识别和培养高水平的后备人才，这些职位是组织当前和未来成功的关键。关键岗位由于人员的变动一旦出现空档期，将给组织带来高昂的费用和严重的损失。为了让组织持续表现卓越，核心岗位上必须始终有人，同时后备人员也要严阵以待，这些人员都应该比一般员工出色，并且愿意培养他人，他们是能够体现组织人才纲领员工的员工榜样。人才管理方面的重要决策之一就是确定哪些岗位是核心岗位。根据经验来看，每个组织都很乐意把所有岗位都看成是关键岗位。从理性分析的角度来看，我们相信，一个组织中应该被定位为关键岗位的职位不超过20%。

3.合理分配 TREADs（培训、奖金、教育、任务和发展机会）

TREADs 是指组织以培训、奖金、教育、任务和发展机会的形式进行的投资。但是要等比较长的时间才能看到这些投资是否得到了回报。组织为了合理地进行这类投资，必须基于每一位员工对组织的当前价值和未来价值对他们进行分类。出于投资的需要，可以将员工分成几类，分类的标准是员工的绩效水平和胜任力、领导能力和培养他人的能力、他们作为组织的人才标杆的地位等。将员工分为如下类别：超级员工（SuperkeeperTM）——不仅现在非常杰出，表现大大超出期望，未来也会有高绩效表现（3%）；骨干员工（Keepers）——现在的表现超出期望，未来也会继续如此（20%）；一般员工（Solid Citizens）——能够满足组织的期望（75%）；问题员工（Misfits）——未能达到组织的期望（2%）。不适应环境的员工，要么就是绩效很差，要么就是缺乏完成工作所需的胜任力。对 TREADs 分配不当将导致人员流失、士气低迷或绩效问题，尤其是对于"超级员工"和骨干员工群体而言。在绩效最佳的组织中，5%的资源分配给了"超级员工"，25%的资源分配给了骨干员工，68%的资源分给一般员工，剩下 2% 的资源用于问题员工以激发他们改善绩效的潜力。

表 2-1 根据员工分类分配 TREADs

	薪酬	培训和发展机会	职业路径发展	识别度
超级员工	增速显著高于市场一般水平	主要的投资	非常迅速	很容易识别
骨干员工	增速高于市场一般水平	充足的投资	迅速	容易识别
一般员工	最多获得有竞争力的薪酬逐步增加	只有在希望提升胜任力以应对当前或未来的商业环境时才会进行投资	中等或者更慢	能够识别
问题员工	不增加	当其可能胜任当前或者别的岗位时，才会投资以提升胜任力	没有	—

因此，根据此理论，我们可以看到，高校进行高水平人才的引进和管理时，相应的资源分配等可依据人才所属的类型进行配对分配，以使得高校的高水平人才战略满足以上所述的三个因素，从而实现高绩效的组织人才管理，推动高校建设和发展。

（三）高层次人才管理体系

在追求卓越的过程中，确保组织押有人才纲领和战略这两个前文提到的战略性人才管理策略后，还需要建立一个人力资源体系，以保证人才管理的实施。

人才管理系统是一系列程序和过程，把组织的人才纲领和战略转换为诊断和实施的过程，从而实现组织的卓越。成功的人才管理系统通常包括如下四个部分：（1）测评工具；（2）360度评价；（3）诊断工具；（4）监测过程。这一过程中具体涉及测评工具、胜任力测评、绩效评价、潜力预测、继任计划、职业规划等具体模块，因为不是本文的研究重点，所以此处将不一一赘述。

下文将就以上所述理论结合我国高校目前人才管理状况进行具体分析。

第三章 高校高层次人才引进和管理现状分析

一、高层次创新人才的内涵及特征

高层次创新人才从事的是创造性的工作，他们依靠拥有的专业技术知识，运用特殊智慧进行创造性思维活动，最终形成创新成果，做出巨大贡献。高层次创新人才的内涵解释了此类人才的本质特征，把握高层次创新人才的内涵不仅有利于分析高层次创新人才队伍情况，认识他们的成长规律；而且对高层次创新人才的评价，以及人才政策和制度的创新也具有重要意义。

（一）高层次创新人才的内涵

人才在当今的经济社会发展中的价值早已得到各类组织的认可，而关于人才的界定并没有一致性的看法，麦肯锡咨询公司在关于人才管理的讨论中认为人才是人的多项能力的集合，包括"固有才能、技能、知识、经验、智力、判断、态度、品质、动机，以及学习的能力"。高层次创新人才是个较难界定的概念，不同的地域根据研究需要会做出不同的界定。随着时代的发展，高层次人才的内涵是不断变化的。不过，仍然可以从内涵与外延两个方面对高层次创新人才进行界定。[①] 从内涵上讲，高层次创新人才

---

① 李燕萍、吴绍棠、夏义堃：《高层次创造性人才：概念、意义与建设对策》，《重庆理工大学学报》（社会科学）2010年第24卷第1期。

主要是指在各领域中具有强烈责任心和社会责任感,具备创新精神和创造力,并为社会发展已经做出或有能力产生重要贡献的人,即高层次创新人才需要具备专业知识、技能并做出特殊社会贡献的特征。

教育部在高等学校"高层次创造性人才计划"中明确了高层次创造性人才的三个层次:第一层次,重点实施"长江学者和创新团队发展计划",着眼于吸引、遴选和造就一批具有国际领先水平的学科带头人,形成一批优秀创新团队;第二层次,重点实施"新世纪优秀人才支持计划",着眼于培养、支持一大批学术基础扎实、具有突出的创新能力和发展潜力的优秀学术带头人;第三层次,主要由高等学校组织实施"青年骨干教师培养计划",着眼于培养数以万计的青年骨干教师,带动教师队伍整体素质的提升。从外延上讲,高层次创新人才还应包括那些在某一领域已有初步研究成果,但尚未被社会认可的学者及那些具有超强创新能力,可能做出巨大贡献但尚未成功的学者。

(二)高层次创新人才的特征

1.稀缺性

资源因其稀缺性而显得弥足珍贵,对于创新型人才资源来说更是如此。一方面,高层次创新人才的成长需要一个过程,且存在很大的不确定性。从事知识生产和利用的高层次创新人才除了专业知识以外,还要在能力、素养等方面达到较高层次。品质需求赋予了高层次创新人才的稀缺特性。另一方面,各类组织,如企业、高等院校、科研院所等需要大量在研发、学术、应用、管理等方面的高层次创新人才,而现实当中的高层次创新人才数量相对社会需求往往存在不足。①

---

① 张凤华、张体勤、姜道奎:《高层次创新人才的内涵与特征及需求分析》,《成长之路》,2015年第2期。

2.创新性

创新性是指个体产生独特性产品的能力和特征，是在现有基础上提出一种新思想、新原理、新方法或推出一种新技术的创造性活动。从投入和产出的角度讲，高层次创新人员的数量与技术产出量是衡量一个组织创新能力的重要指标。高层次创新人才意味着他们具备强烈的创新意识或创新精神，具有优良的创新思维和很强的创新能力。在所研究领域，能提出创造性构想并始终保持处于该领域研究前沿。

3.影响广泛性

知识经济带来了全新的经济增长模式及价值表现形式，极大地提升了人才的经济地位，赋予其最重要的战略资源评价。处于人才资源金字塔顶端的高层次创新人才，他们在科技领域的研发、推广、利用等方面做出的贡献必将对社会发展和人类进步产生广泛而深远的影响。

4.难以替代性

高层次创新人才掌握的专业知识难以复制，关键领域的关键技术或者创造性思维方式具有非显性特点，因此高层次创新人才一旦缺位，很难再找到同样的人员来替代其位置。

5.责任重大性

由于高层次创新人才影响广泛，强烈的创新欲望是他们积极参与创新活动的动力，是他们开展创新实践活动的支撑。一方面，高层次创新人才从事的活动是一种长期性、开创性活动，结果往往难以预料，因此，他们肩负着巨大的压力以确保研究目标得以实现；另一方面，高层次创新性人才是整个人才队伍的核心，对人才队伍建设具有重要的示范和辐射作用。作为本领域的领军人物，高层次人才还是其他人才的发现者、培养者、使用者。经济的增长、科技的进步很大程度上在于人才的贡献，更大程度上在于高层次创新人才的推动和带头作用。

二、高校高层次人才引进和管理现状分析

（一）高校高层次人才引进现状

高等学校高层次人才引进工作的力度和成效一方面取决于学校自身对此问题的认识与关注，另一方面则受到各级政府部门、社会舆论、相关竞争与合作并存的高校以及普通民众对高校建设与长久发展的关注。党中央国务院提出科教兴国与人才强国的国家战略，教育主管部门积极响应，制定各级人才培养、吸纳的规章制度，全国各高校也在相关政策指引下，相继提出各自的发展战略以迎合人才强国、人才强校的教育目标，积极制定关于高层次人才引进管理的相关政策，多措并举，采用灵活多变，因校、因地、因自身条件而宜的多种模式，成效显著。

1. 政府和高校自行出台并实施各类"人才工程"或"人才培养计划"

具体来看，高层次人才梯队的培养、吸纳以及储备已经同国家的"科教兴国、人才强国"战略紧密结合在一起，高层次人才的引进、利用和管理已逐渐形成了国家宏观层面的一整套人才培养与激励的政策体系。

表 3-1 1995-2006 年人才引进有关政策

类型	年份	政策文本	出处
引进政策	1995	"百千万人才计划"	人事部
	1995	《国务院办公厅转发人事部等部门关于培养跨世纪学术和技术带头人意见的通知》	国发办［1995］28 号
	1998	《"百千万人才工程"人选考核暂行办法》	人发［1998］62 号
	1998	《面向 21 世纪教育振兴行动计划》	教育部
	1998	"长江学者奖励计划"	教育部与李嘉诚基金会
	2000	《关于设立"春晖计划"海外留学人才学术休假回国工作项目的通知》	教外留［2000］81 号
	2000	《关于组织开展国家留学人员创业园示范建设试点工作的通知》	国科发火字［2000］257 号
	2001	《关于鼓励海外留学人员以多种形式为国家服务的若干意见》	人发［2001］49 号
	2004	"高层次创造性人才工程"	教育部
	2004	《高等学校"高层次创造性人才计划"实施方案》	教人［2004］4 号
	2004	《"新世纪优秀人才支持计划"实施办法》	教育部
	2004	《"青年骨干教师培养计划"实施办法》	教人［2004］4 号
	2006	《留学人员回国工作"十一五"规划》	国人部发［2006］123 号

续表

类型	年份	政策文本	出处
引进政策	2006	《"长江学者和创新团队发展计划"创新团队支持办法》	教育部教技司〔2006〕8号
	2006	《"长江学者和创新团队发展计划"长江学者聘任办法》	教育部
	2012	《关于印发＜国家高层次人才特殊支持计划＞的通知》	中组发〔2012〕12号
激励政策	1993	《对享受政府特殊津贴人员进行考核的意见》	人专发〔1993〕10号
	1995	《关于从1995年起实施政府津贴发放办法改革的通知》	人专发〔1995〕27号
	1999	《国家科学技术奖励条例》	国务院令第265号
	2001	《关于对做出突出贡献的专家、学者、技术人员继续实行政府特殊津贴制度的通知》	中发〔2001〕10号

受到国家层面政策措施的引导，各级地方政府也相继制定出台了相应政策文本对引进高层次人才相关工作做出具体化指导与帮扶，同时各地方政府还实施了针对不同学科背景、教育基础状况的差异化人才引进计划，一系列措施的展开推进为高校引进不同层次人才创造了有利条件。高校之间日益激烈的竞争也在一定程度上加剧了关于人才的竞争，使得地方高校的人才引进工作取得新的突破性进展。

2. 建设学科特区，打造高起点的事业平台

选择学科前沿、具有优势和特色的学科群进行学科特区建设，有益于提高学科水平和高层次人才队伍的整体实力。学科特区建设以学科建设目标为中心，以学科结构调整和培育学科新生长点为契机，整合、完善新学科群，打造高层次的科技事业平台，开展学科交叉研究。[1] 此外，大胆创新人员管理模式，给予研究机构负责人充分的管理自主权，在高层次人才聘任、奖励等方面实行灵活动态管理，完善激励机制，建立以人才资源价值为标准的收入分配机制，为高层次人才发展提供可持续发展的高平台。

---

[1] 徐业滨:《中国高层次人才资源理论与实践研究》，哈尔滨: 哈尔滨地图出版社，2007年。

3.加大引智力度，推进高水平的强强联合

高层次创新人才作为人才队伍的领军人物，是高校学科发展的"指挥棒"。近年来，我国高校在引智方面加大力度，以多渠道、多方式吸引了国际高层次优秀人才回国参与高等教育事业，推进高水平人才之间的强强联合。

实施引才引智工程，主动引进高层次人才，有助于从根本上改变某学科的面貌，推动学科实现跨越式发展；有助于优化师资队伍的学缘结构，改变"近亲繁殖"现象；有助于提升人才队伍竞争动力，注入活力。如启动人才工程，实行人才储备制度，坚持引才和引智结合，"刚性"和"柔性"引进相结合，以项目引才，课题引才，研发基地引才，创造了比如"户口不迁、身份保留、来去自由"人才柔性流动机制，采用"链球方式"（系列人才集聚）、"哑铃方式"（一头在国内、一头在国外），积极引进海外优秀人才。

除了"请进来"之外，高校还主动把人才"送出去"，通过搭建双向互动的国际学术平台，加强与世界接轨，花大力气、大代价选拔一批优秀青年出国攻读学位，选派拔尖人才到一流大学进修，选派高级访问学者参与国际重大科技计划和工程的实施，使他们站在学科的前沿，不断更新知识，提高研究和创新能力。高水平的强强联合，大大促进了高层次人才队伍建设，也增强了学校可持续发展的能力。

4.培育创新团队，激发高层次人才队伍活力

创新团队是研究型大学面向国际战略需求进行科技创新的重要组织形式。创新团队的培育，不仅有利于教师之间的合作与交流，建立一种良好的合作关系，而且"有利于打破学科之间的壁垒，建立跨学科及文理渗透的综合课程体系，实现科学教育和人文教育的有机融合"。创新团队的培育，主要是通过设立团队科研基金等方式，有意识地将资源向产生效益的学科、群体相对集中配置，催生一批具有凝聚力、创造力、高水平的学术团体。培养一批优秀的科研领军人物，构建学科梯队。在领军人物的带领下，提升中青年学术骨干的研究水平，促使团队跟踪世界科学前沿，激发高层次创新人才活力。

（二）高校高层次人才管理现状

1.建立以人为本的管理机制

面对激烈的人才竞争、市场竞争，高校在人力资源管理过程中做出了人性化管理，按照人的差异性、层次性，强调人的不同需求，突出人的主体性和能动性。对于来自不同国家和地区、不同经历、不同文化背景、不同知识背景和宗教信仰的高层次人才，主动提出个性化、人性化管理模式，寓管理于服务中。

2.建立良好的工作生活环境

人的工作情绪、工作效率、创造力与环境的关系尤为紧密。环境和待遇是高校引进人才和稳定人才的两个基本因素。为引进的高层次人才创造良好的环境和提供较高待遇已逐渐成为各大高校在竞争高层次人才资源中的"杀手锏"。环境包括如教学设施、实验室设备、教职工工作、生活条件等硬环境，还包括如良好学术氛围、人际关系、校园文化、相关政策等软环境。对于高层次人才而言，大多数高校都在人力、财力、物资等方面尽量优先供给，确保公正、公平、高效、合理地给予高层次人才物质报酬。

3.建立适度自主的权利自由

发挥高层次人才在师资队伍中的主导作用，就需要根据他们的能力安排其一定的职务，给予相应的权利。在使用人才的同时，也要保护好人才的发展，鼓励他们不断充电。此外，促使各人才之间的智力互补、叠加、撞击、共振，激发人才外部效应。

4.建立良性竞争机制

高层次本身就是一个动态的状态，是一个相对概念，只有不断努力，不断取得高层次的研究成果，才能保持高层次的荣誉。高层次人才竞争可分为校内竞争和校外竞争。高层次人才的竞争对象是本学科的一流专家，只有高水平竞争才能激发一流的科研成果，因此必须有一套科学、公正、公平的考核评价体系来保证竞争的公平与有序。考核是对高层次人才进行管理的重要手段，考核体系和结果可以直接反映学校的要求，具有导向性，可以实现人才的优胜劣汰。规范引进程序，完善校内外同行专家学术评价制度，切实发挥学校学术委员会和各单位教授委员会在高层次人才引进中的咨询论证作用；建立以促进绩效提高和专业发展为导向，以品德、知识、能力、业绩等要素构成的高层次人才聘期考核与评价体系。

三、高校高层次人才引进中的主要问题

（一）政府层面

人才引进丰硕成果的取得离不开国家良好的政策，但是政策制定实施也存在一定的局限与偏颇，需要在实际工作中加以纠正，以最大限度发挥政策潜能。在大规模的人才引进政策普遍实施的过程中，由于对于现实条件和实际情况的估计不足，在高校高层次人才引进工作中已经出现了一些待解决的现实问题，如政策对象的严重趋同性、实施成本过高、引进人才的待遇过高，对于海外教育背景和教育年限、学历的过分重视以及缺乏对人才引进后续的综合管理等。具体来说，主要是：

1.政策的严重趋同性导致代价过高的实施成本

在实际中，各地方政府不断推出各式各样的"学者计划"以及各高校层出不穷的"人才工程"，就是因对象的趋同性而导致无序竞争的具体表现，结果就是各高校过分追逐高层次人才，导致人才市场价格出现

混乱和人才引用成本过于高昂。

2.福利待遇设置不合理，降低效率

在高校引进高层次人才工作中，对高层次人才的待遇适当提高是符合社会经济运行的基本规律的，福利待遇作为一种基本的"激励措施"能够在一定程度上解决供需矛盾，实现资源最优化配置。但是在实际中往往会出现对于引进人才的待遇承诺过高，一直超出自身支付能力，进而影响学校后续的人才引进，结果形成恶性循环，反而降低了人才引进所应带来的高效率。同时人才之间也可能形成攀比的心理，这不利于人才的自我提升和高校教学科研工作的开展。

同时，对海外教育背景学历的过分重视在一定程度上造成了回国人才市场的混乱，劣币驱逐良币的现象时有发生。通过表格3-1的政策文件，可以看出，在中央政府、地方政府和高校出台的各种人才引进政策中，"海归"字眼不断出现。追求海外留学经历本身是实现优质高层次人才整合的有力措施，但单纯强调海归、高学历也容易形成对高层次人才认识的误区。随着我国对外开放的进一步深化，很多国内学员走出国门，接受了相当程度的国外教育，但这些回国人才的水平能力却是参差不齐，且难以辨别。

（二）高校层面

1. 政策执行缺乏监督管理

高校高层次人才引进方面的问题突出表现为在实际政策的执行过程中缺乏有效的监督管理机制，对政策实施的后期过程的把控能力不足，难以及时做出有针对性的调整。任何政策或决策在其制定实施前都势必要进行前期调研走访，以期将政策的正效益发挥到最大化，将其可能存在的不足消除在包袱之中。但限于客观条件和人类认识能力，政策制定往往会存在不足或缺陷，或说某一时期的政策措施要解决的问题是有范

围限度的，不能指望一个或一系列政策一劳永逸地解决所有问题。因而在政策措施实施后要及时建立监督管理机制，避免因受到外界不可预知或不可控的因素而导致政策偏差，进而及时做出纠正调整，切实做好纠偏工作。

高校高层次人才引进过程中制定的相关措施在执行中也会存在表面化、扩大或扭曲、缺损等问题，而在实际的引进过程中高校往往会忽视对相关措施后期的追踪。为了最大程度地减少工作偏差，高等学校有必要建立有效的监督管理机制，保证相关政策顺利执行并取得预期成果。

2.引进政策缺乏评估机制

高校高层次人才引进政策缺乏评估机制也是制约人才引进效果的重要方面。在前面的分析中我们发现，从各级政府到高等院校都相继出台了一系列引进高层次人才的政策文件或具体化措施，但是没有专门针对引进高层次人才效用评估的计划。对高校高层次人才引进的成果鲜有评价，现存的只是在教学评估或者大学综合排名中，对各大学的师资队伍做简单的数字化评价。单纯的论文数量或承担课题数量是难以真正衡量高校高层次人才在高校综合建设中所发挥的重要作用，因此建立全面而有效的科学评估机制很有必要，建立一个有效的高层次人才引进政策评估综合机制，科学合理地评估高层次人才引进的成果，从而将最可靠的信息反馈给政策制定者，为下一轮政策的出台提供必要且可信的帮助。

3. 缺乏长远科学规划，存在短期盲目引进的问题

在进行人才引进的过程中，各高校应该以本校的师资队伍和学科建设的实际情况和学校长远的发展需要为出发点，事先制定一个长期的引进规划，避免出现盲目引进的短视行为。而实际引进往往是缺乏长远规划的，导致人才引进后与学校的学科建设和专业发展相脱离，引进人才的研究领域与本校学科的发展需要存在较大偏差，这一方面使师资队伍发展产生新的不平衡，另一方面又由于缺乏学科根基和相应的专业队伍梯队，不能为引进的人才提供基本的教学科研和工作条件，更谈不上对引进人才的科学管理、使用，导致学校难以达到预期成果，引进的人才也发挥不了作用。此外，还会出现因人设岗等问题，在前期并未对所要进行引进的人才进行数量、层次、素质标准等方面的分析，盲目地引进人才，这样不仅使人才没有用武之地，还会阻碍学科的发展，造成人才资源的极大浪费。

4.人才引进途径单一，竞争无序

通过专业招聘会来招揽高学历的毕业生或者是从其他的高校直接引进各学科带头人、骨干教师等是目前我国高校引进人才的主要途径，而那些优秀的海外留学人员，却往往被一些发达国家的高校、科研单位或者大型企业的优越条件所吸引，导致我国的高校无法直接引进国外高层次人才。同时在引进过程中出现了无序竞争，彼此之间竞相出价，甚至不惜破坏公平、诚信的原则引进人才，像参加拍卖会一样无休止地给人才标价、增价，不顾人才与原单位签署的培养、合作协议这些事实，这不但扰乱了原本平静的人才市场，还潜在地滋长了人才的浮躁、虚夸、骄傲情绪，导致了高层次人才在不同高校的争夺过程中非理性升值。

5.缺少科学评价机制

（1）重知识轻道德

很多高校对人才的招聘工作缺乏一定的标准，使得对引进人才的个人信息不够完善和通畅，从而出现为高校持续发展提供支撑的人才的思想政治水平、道德水平、集体意识和组织纪律等方面素质不高的现象，这些问题一方面限制了个人的提高和发展，另一方面会诱发其所在单位的矛盾和问题，导致引进人才工作进展不顺、人际关系不顺畅而难以发挥其应有的作用。此外，还存在着"人情"等社会的因素，可能导致在短时间内引进人才的过程中，仅仅把参评人员的专业知识造诣等作为主要考核的标准，而并没有对其基本的道德水平、团队精神等相关方面进行一个细致和全面的考评，这可能会影响学校整体的师资力量，进而影响学校教学质量。

（2）重学历而轻能力

唯学历、唯资历、唯职称等传统观念仍然在高层次人才引进中时时体现，高校对引进高层次人才的考察和评价往往只注重学历职称、科研经历等表面的定性因素，把专业知识的掌握程度列为最重要考核标准对人才进行严格考核，而对其综合素质缺乏必要的考核和调查，使得对应聘者的考察和了解也仅限于学历等外在因素，这样人才引进中必然会存在着一定的盲目性，容易造成决策的失误。

（3）重引进而轻培养

一些高校近几年直接把刚毕业的硕士研究生或相关专业的高职称的人才引进，这些人才具有周期短、见效快、针对性强的特点，但是缺乏必要的教育教学实践活动。要使他们有更多的成果，还要对他们进行再培养，确保他们充实提高，学以致用。高校引进人才工作的目的是发挥优秀人才的专业优势，促进学校的教学科研达到更高水平。如果认为引进人才已是高层次人才，勿需再培养，而直接用于实践；或是只引进而忽视继续培养，人才引进计划的初衷未必能达到好的效果。

（4）重"外才"轻"内才"

有些学校不断加大对外引进人才力度，为吸引人才来校工作制定一系列的优惠政策，对引进人才提供一些额外优惠政策待遇，这本是一种有效激励，但同时更应该加大力度发掘校内现有人才。在引进人才和现有人才之间应该制定科学公正的人才政策，避免出现引进的人才和现有人才之间产生待遇、机会的不平等问题，使原校内的人才心理失衡，从而产生对工作态度的不积极，由此可能造成学校陷入花大气力引进高层次人才的同时，原本有潜力的人才却不断流失的局面，最终可能出现人才的不增长甚至是负增长。

6.引进后人职不匹配

高校人才引进是一个长期性、系统性的工程，不仅仅是停留在吸引高层次人才，更重要的是合理地配置使用高层次人才，使他们真正能够人有所用、人尽其才，达到引进初衷，为高校的可持续发展做出应有的贡献。高校不能一味追求引进人才的数量，而忽视学校、专业、条件的限制，造成人才闲置浪费的现象。

7.忽视引进后的综合管理

高校高层次人才引进不仅要做好事前规划准备、事中评价调整，还要做好引进后的管理，进而巩固人才引进成果，最大化实现人才引进后的综合效果。但现在的实际情况却是对人才引进后续管理重视不足，关注不够。

首先，高校整体的科研环境、学术氛围以及人文环境有待改善。与国外已发展数百年的高等教育相比，我国高校教育制度尚处在幼年成长阶段。一些归国的高层次人才学者因长期在外国相对宽松的管理与科研环境下生活，而难以适应国内的科研管理模式，无奈又重新外流。因此，国内高校迫切需要营造一种公正、透明、宽松、宽容的科研环境。

其次，我国高校现行的人事管理制度落后，还没有形成全面、系统、开放并能主动涵养多元文化的引才机制。长期以来的高等教育发展模式使高校发展趋于封闭，实际教学科研岗位固定编制比例过大、人员流动上升通道不通畅造成了有能力的人才进不来，能力差的人又出不去的局面，在高层次人才引进配置方面缺乏规划，现有人事制度封闭固化，操作盲目，没有与高校的学科建设、科研项目等实际发展需求相联系；同时，由于缺乏科学、公平的评估与分配制度，许多教师工作压力不断增加，实际分配所得却没有随之增加，导致其身心健康受到损害，师资队伍中的"跳槽"

现象屡见不鲜，高校人才流失严重。

还有，高校与企业的联系不够紧密。与国外成熟的校企合作模式不同，我国高校与企业的合作还在不断摸索中前进，高校在长期的发展中并没有将实际科研能力转化为企业的价值，为此我国政府正在不断促进产、学、研相结合的人才培养和使用模式，全方面促进校企合作，在减轻国家教育投入的基础上，提高高等教育质量和企业效益，达到多赢的效果。为此，提高高校的开放性，不仅有利于高校人才的培养，也有利于人才全面发展平台的搭建。做到学以致用，使当下由高校封闭而导致的学不能用转化为实际企业效益，社会生产力。

最后，缺乏配套引进后措施。很多高校为高层次人才的引进忙得不亦乐乎，实际中很多高校往往只关注前期引进工作，结果是花费很大力气将高层次人才引进学校后，引进工作便告一段落，而关于人才引进后的如何定位、如何配置、如何使用、如何评价等问题，政策制定者都不再感兴趣、不再关注。实际上，高层次人才一般都是具有极高学科忠诚度的人，他们对自己在学术上的发展极度关心，如果新的工作环境不能满足他们学术发展的要求，不能自我实现价值最大化，那么就会导致引进人才的再次流失。

（三）个人层面

高校高层次人才引进工作存在的实际问题不仅与国家及各相关部门的政策文件、相关高校的人才引进具体举措有关，还与高层次人才自身的因素息息相关。高层次人才作为一个前期投入极大人力、财力与物力才培养出的具有较高人力资本的劳动力，其高投入决定了其本身培养成本需要后期较高的收益才能得以弥补。高成本投入一方面与国家对于高等教育特别是高层次人才的关注与实际投入有直接关系，另一方面也与人才自身的时间、财力投入密切相关。根据市场经济规律，高层次人才作为劳动力要素市场中紧缺的优质资源，其必然会流向收益好、回报率高的市场，这样就自然会导致高层次人才外流严重，国家花大力气培养的高层次人才最终难以为本国所用，这是高层次人才引进培养与最终引进的客观矛盾问题，对个人层面的理想信念教育力度不够是其中的一方面原因。

同时，按照马斯洛需要层次理论的相关划分，高层次人才的需求更多的是在追求个人自我价值实现层面的较高层次的需要满足。为了更好地追求自身的理想、发挥个人效用最大化，高层次人才会追求更优越的科研教育平台与软硬件条件更加良好的国外来谋求发展，目前国内虽然在某些方面的科研能力与水平已达到国际先进水平，但是更广泛范围的科研平台建设滞后，使得高层次人才难以真正被吸引回国贡献个人的才智，也是高层次人才引进中的一大问题。

此外，高层次人才，特别是那些长期接受过国外教育的人才群体，由于长时间在国外受到的科研、学习、生活、工作环境的熏陶影响，考虑到国家间的文化与传统等各个方面的差异，其是否能够适应国内外科研教育环境的差异也是影响其是否能回国服务国家的一个重要因素。① 家庭、个人社会关系等也是影响其最终能否引进的关键问题。

---

① 王佳男：《高校高层次人才引进的问题及对策研究》，河北：河北经贸大学行政管理系，2014年。

第四章 国际高层次人才战略的发展趋势

一、国际高层次人才引进竞争概况

全球一体化背景下，世界上许多国家都已意识到人才的重要性，国家间的竞争归根到底是高端人才的竞争，在这种情况下，为了提升本国的综合竞争力，在全球竞争中占据优势，促进本国经济和社会的发展，各国都在不断制定并完善本国的人才政策。在这些国家之中，发达国家更重视人才政策的制定和实施。一个国家的国际人才竞争通常都是以政府为主导，以政策为保障，由市场来进行资源的配置。从经济学的角度出发，市场来进行人才资源的配置，也意味着国际人才遵循着市场的规律：高层次人才总是会流向有着更高收入或是更好机遇的国家。

在1990年到2000年，美国一共接受了415万受过高等教育的移民人才，欧盟当时15个成员国10年间也接受了受过高等教育的移民人才200多万。在当今国际人才竞争战当中，美国是最大赢家。整个美国大约有1/3的科学家与工程师来自外国，全世界70%的诺贝尔奖获得者在美国受到聘用。国际经合组织数据显示，全世界62%的顶尖科学家都居住在美国。

在以日本等号称"亚洲四小龙"为代表的新兴发达国家和地区，在20世纪都派出大量留学生。但这些国家和地区都能够抓住产业转移的机遇，经济增长的同时实施国际人才竞争战略，以满足提升低附加值产业的人才需求。这些国家和地区一般都经历过四个阶段：本土人才大量流失、本土海外人才少量回归、本土海外人才大量回流、开始吸收外籍人才。其战略理念是以促成海外人才回归为首要目标，工业化达到一定规模后再将人才回归与引进外籍人才一同实施。因此，这些国家和地区目前虽已吸引不少外籍人才，但更重要的还是将本国人才引流回国。新中国成立初期，我国领导人就已经意识到了人才的重要性，但因为当时的国情，人才引进一直处于缓慢推进的状态，直到改革开放，才越来越多地强调高层次人才的重要性，并逐渐为大众普遍认识。我国正在经历人才回归及海外人才引进的阶段，因此欧盟、亚洲等发达国家的经验很值得我们借鉴。

二、世界各国高层次人才政策趋势

（一）德国高层次人才引进政策分析

作为欧盟成立发起国之一，德国在人力资源开发方面颇具代表性。二战后，德国国内呈现出一片大萧条的局面，德国的经济体系对内已经遭到了毁灭性的打击，对外还需要支付巨额的战争赔款。在这种海外领地完全丧失、国内市场紧缩、自然资源以及社会相对短缺的情况下，德国只用了30多年的时间，不仅迅速恢复经济，还使得经济得以快速地增长，成为仅次于美国和日本的第三大世界经济强国。究其崛起的原因，我们发现，德国的自然资源并不丰富，特别是经历了二战后的德国，许多城市已经完全成了废墟。而就在这片废墟之上，德国再度崛起。德国认为人类社会进步的基础和"中枢神经"正是科学技术和教育。据统计，德国20世纪60年代在科技研究方面的投入每年都以15%的年平均增长率在增长，其投入为西方国家之首。他们还重视先进技术的引进，是西方国家专利许可最大的进口国之一。因此，德国在培养、吸引、使用和留住人才方面的政策措施很值得我们借鉴。下面就是对德国人才政策的具体分析。

21世纪初,大批创新人才流向美国,这引起德国政界和科技界的高度关注。在这种压力下,德国政府积极采取措施大力吸引和培育优秀的人才,有效地遏制了人才流失的势头。

德国一直以来是传统的非移民国家。随着经济发展和社会进步,德国各界越来越意识到德国有必要向移民国家方向发展。到现在,据统计,德国本国人口约为8200万,而其中就有1500万人口为移民,占其总人口的近20%,已经成为非典型意义上的移民国家。

1.实施宽松的移民法案

不论哪个国家,在谈及如何吸引众多人才为本国效力,不得不说到各国的移民政策。一个开放的、欢迎他人到来的国家,才能吸引人才的进驻。

从德国移民发展的历史来看,移民现象伴随德国的发展。第二次世界大战以后,德国经历了三次大的移民潮:客籍工人潮、回归移民潮和难民潮。在这期间,特别是欧洲一体化进程启动以后,德国慢慢放开接受外国劳工的限制,自此之后,外国移民开始大量进入德国。

德国政府在2000年8月实施了绿卡计划,这项计划的启动是为了缓和德国国内对计算机人才的紧缺现象。该计划类似于美国的绿卡,以其蓝本制定。施罗德称,只要这些专家在短期内获得一份工作许可,那么他们就能在德国最长逗留5年的时间。7月份,绿卡计划在联邦议会上获批。该计划公布之后,自8月1日起,计算机方面的专家,即使是欧盟以外的专家,都可以在德国申请居留许可权。而在此逗留期间,他们还被允许更换工作。直到11月份,提出这项申请的人员已经有11000名之多。绿卡计划被提出的直接利益是为了解决IT业人才短缺的问题,但它并不是真正意义上的移民。绿卡计划的一个主要局限点在于,实施之后,人才所带来的利益全部转化为企业的利益。

德国现在实行的移民法是于2005年颁布实施的。德国移民法全称是"关于控制和限制移民和规定欧盟公民和外国人居留与融合事宜法"，于2004年7月先后在联邦议院和联邦参议院顺利通过，于2005年1月1日正式生效，之后分别在2005、2007、2009和2011年对部分条款进行修订和完善。

这部法律将在德国的居留简化为"居留许可"和"落户许可"两种形式，对外国人申办程序进一步进行了简化。从法律的变化中可以看出德国为了吸引高层次人才，在法律层面为其创造了法律和政策环境。

2.创造有竞争力的人才环境

面临人才短缺的重要问题，德国为吸引人才回归大力实施计划。德国联邦经济技术部（BMWi）举办的"2008 特修斯（THESEUS）人才创意竞赛——培养未来因特网后备人才"计划于2007年10月正式启动。该比赛将会奖励1万欧元奖金给获奖者，并且会邀请获奖者参与共同开发未来因特网，同时THESEUS联合组织中企业和科研机构对有关未来因特网创意的实现会提供物质和人员方面的支持。在资金方面，将获得联邦经济技术部9000万欧元的专项资助，其中，50%由参与项目的联合组织中企业及其他合作方承担，另外的50%则由经济界和科学界各分配一半。

2007年底，德国政府采取积极政策以吸引全球优秀人才赴德国定居，德国联邦政出台的"国际研究基金奖"正是如此。它具体表现在以下方面："范围广"，即所有学科和所有国家的人才都可以申请，欢迎各界人才来德工作，"国际研究基金奖"支持德国学术界、高校和其他国家结成合作伙伴，吸纳优秀人才赴德工作；"奖额高"，即德国至今所设立的各种国家科学奖中，该奖所设额度为最高，其最高额度为500万欧元，德国高等院校和科研机构因此而吸引了众多高端科研人才；"育能力"，即该奖项的用途主要是用于建设新的研究小组，资助新的科研项目，以及给研究者发放薪水。奖项不是单独给某一研究者，而是用于整体团队建设。因此，研究者提交的研究方向必须以其高校发展方向为导向来进行设置。与"国际研究基金奖"类似，洪堡基金会也是一个专门引进人才的机构，它制定了一系列的人才吸引计划。德国政府在二战前及战争中流失了大量的人才，因此，在人才政策的制定上，德国政府不仅制定了许多政策和措施以吸引国外优秀人才，还在海外留学生的回流问题上下大功夫研究。首先，德国许多机构为了吸引众多海外留学生以及在国外工作的优秀人才归国，都充当了"中介"的作用，"牵引"众多海外人才归国。德国学术国际网（GAIN）正是这样一类机构。另外，创造条件，优化环境。洪堡基金会于2007年8月推出了"颁发奖学金和奖金的科学生涯阶段模式"，其主要特点是：博士后可以申请长期奖学金以此保证其研究项目进行的稳定性；对于那些有经验的科学家，他们可以按照规划将奖学金分成3部分，分阶段使用；国外的一些年纪较轻的优秀人才还可以在保留国内职位和休假机会的前提下，与在德国的研究机构或小组建立合作关系。而且，自从2007年以来，洪堡基金会为了使国外基金获得者与德国研究机构或高校通畅的合作，新增了一项研究补贴，为优秀人才来德创造了环境。

（二）日本高层次人才引进政策分析

日本国土面积狭小，各种资源相对稀缺。近年来，为了应对国际上日趋激烈的"人才争夺战"，日本积极制定人才政策，实施国际化人才战略。不得不说，政策和措施实施后，其成绩显著，它吸引了大量的国外优秀人才，使得日本成为因国际人力资源而受益的最大国之一。日本是一个善于学习的国家，他吸收和借鉴发达国家在人才政策方面的有力举措，同时结合本国的情况，以大学为基础加强环境建设；以高校和企业的合作为突破口，进行产、学、研结合；鼓励优秀留学生在日定居，鼓励其就业等措施聚集了大量的国际优秀人才，从日本人口渐趋老龄化等本国国情出发，日本制定了本国吸纳国际人才的长期方针：不断吸引留学生，提高留学生数量；

逐渐放宽工作签证限制；以及借助跨国公司的引智能力在全球大量吸收优秀科技人才。

1. 日本人才引进的政策概述

日本政府认为其立国之本，发展之源正是科学技术的发展。而促进科学技术创新和发展的正是人才。能使一个国家保持长期持续发展的重要基础正是对人才培养的教育机制的改革和人才利用的环境的改善。日本吸引海外优秀人才的历史由来已久，在明治时期就有"求知识于世界以振皇基"的政纲。十余年后，日本的教育体制发挥作用，本国培养的人才以及海外归来的留学生成为推进发展的主力军。这种状态一直延续直至战后美国占领时期。从1952年占领期结束开始，日本政府制定了主要针对亚洲国家的吸引人才来日留学的政策。之后从20世纪五六十年代开始，日本不止将本国的人才送入欧美等发达国家去学习先进的知识和技术，同时还开始积极邀请外国学者来日进行学术交流和合作，这改变了他之前的"人才出口"的情况，转为"双向"输出及引入并举的情况。随着不断的发展，日本还开展了"经济自立5年计划"。在发展过程中，出现许多无法解决的科学技术难题，为此日本政府于1960年建立了"外国人流动研究员事业"，引入大量外国先进研究者在日工作。直到进入20世纪80年代以后，为吸引更多的外国优秀人才，日本社会开始真正有计划地进行研究交流工作。文部省于1983年召开"面向21世纪留学生政策恳谈会"，之后成立了"21世纪留学生政策委员会"，它是专门为留学生提供政策咨询的机构。该委员会提出《关于21世纪留学生政策的建议》的报告，确立了在21世纪接受外国留学生大约10万人的计划，在人才吸引方面发挥了重大的作用。

日本的人均产值在冷战结束后甚至超越了美国。因此，它受到世界的广泛关注，吸引了许多人才赴日工作。从20世纪90年代中期开始，日本政府加强了对科学技术事业的支持和管理。1995年出台将"科学技术创造立国"作为基本国策的"科学技术基本法"。之后，又在科学技术基本法的基础之上陆续制定出"科学技术基本计划"，目前已制定出四期计划，分别是1996年至2000年的第一期、2001年至2005年的第二期、2006年至2010年的第三期（2006–2010），2011年又公布2011年至2015年的第四期计划。但是，随着日本社会人口老龄化现象的不断加深以及人口出生率的不断下降，日本的发展受到了威胁。在此背景下，吸引更多世界人才来填补日本人才短缺成为紧迫之选。在第一、二期科学技术基本计划期间，日本政府主要是改革教育制度，对研究环境进行改善，为科研人才提供更便利的政策环境和更优质的研究环境。2006年日本政府在全国推广"外国人研究者接受促进事业"，经认定的研究人员可以将签证从3年延长到5年。2007年政府出台落户政策，通过提高科研和社会居留环境、为国外人才提供工作地、为留学生提供招聘信息等方式促使人才在日定居。同年日本政府公布了《创新25战略》，提出日本今后发展的重要支撑正是"人才创新"，指出要推进日本的国际化就要完善政策和社会环境，引进高级人才。2008年10月日本又发布了《关于通过推进研究开发体系，强化研究开发能力、提高研究开发效率的法律》。

2.开放环境，吸引留学生

日本人口负增长现象从2005年起就已显现，其出现的原因是出生率的下降和老龄化的增长。据有关机构预测，由于前述两个原因，日本人口到2050年将减少为9000万，2100年将降为4000万，这直接导致劳动力急剧减少。到2050年，劳动人口将下降36%。因此为了填补日本劳动力及高级人才的双重短缺，吸引人才的政策和措施的制定与实施就变得极为迫切。所以，日本开始重视留学政策，吸引留学生来日留学，并且创造环境使毕业的留学生服务于日本。20世纪80年代之时，美国有大约57万留学生，英国有34万，日本也在这一时期提出了"10万人留学生计划"。

为了吸引大量留学生，日本放宽了留学和毕业后留日的移民政策，主要为留学生提供语言、文化等方面的培训。2007 年日本提出"亚洲门户构想制图"，这项计划主要是对中、韩等亚洲国家留学生进行援助。这一构想包括"高度专业留学生育成项目"和"高度实践留学生育成项目"两个内容；前者主要是公费资助留学生学习研究方面，后者则是为有意留在日本的留学生开设，做一些文化、经营方面的培训。

2008 年 1 月日本政府制定了"30 万留学生政策"。本次计划仍旧是以吸收亚洲地区留学生为主要方向，兼顾其他地区，接收范围也囊括众多的领域和不同的级别，对于本科生以及硕、博士研究生的接收以不同的政策和措施来进行，对其发放的奖学金也分出级别，物质刺激留学生更努力地学习达到更高的水平。日本政府提出选出约 30 所"重点大学"来接受和培养留学生。这些重点大学被要求接收大约为总学生人数的 20% 数量的留学生，并且其在课程设置方面，所设置的课程中有三分之一为英语教学，在教师设置方面，留学生较多的专业相应要配备一定数量的外国教师。为留学生提供一站式服务，简化审查制度和程序，便利他们来日学习、生活及未来毕业留日就业或回国事宜。这一制度有些像我国的高校"211"计划和"985"计划，他们是选取一些高校进行重点的资金、基础设施以及师资的支持，培育出许多高层次人才。

2009 年 7 月正式通过了《入国管理法》，具体实施是在一年之后。本法中指出要将来日的留学生与教师的居留资格做统一管理。学生升学或在普通教育机构学好语言后进入大学之时不必再重新进行居留申请，大大方便了来日学习的人们的学习和生活。通过这些留学生计划的制定和实施，从 2000 年开始，留学生人数开始大幅度增加，到 2010 年，在日留学生的人数已达到 141774 人，其中占总体 90% 的留学生为亚洲国家的留学生。①

---

① 严晓鹏：《日本留学生政策的最新动向及其对中国的启示》，《教育学术月刊》2012 年第 5 期。

（如下表 4-1 和 4-2 所示）。

表4-1 日本留学生人数年度变化情况

年份	外国政府公派留学生	公费留学生	自费留学生	留学生总数
1999	1542	8774	45439	55755
2000	1441	8930	53640	64011
2001	1369	9173	68270	78812
2002	1517	9009	85024	95550
2003	1627	9746	98135	109508
2004	1906	9804	105592	117302
2005	1903	9891	110018	121812
2006	1956	9869	106102	117927
2007	2181	10020	106297	118498
2008	2681	9923	111225	123829
2009	3235	10168	119317	132720
2010	3505	10349	127920	141774

表4-2 2010 年日本来源地留学生人数统计表

国家和地区名称	留学生人数（人）	所占比率
中国大陆	86173	60.80%
韩国	20202	14.20%
中国台湾	5297	3.70%
越南	3597	2.50%
马来西亚	2465	1.70%
泰国	2429	1.70%
美国	2348	1.70%
印度尼西亚	2190	1.50%
尼泊尔	1829	1.30%
孟加拉国	1540	1.10%
其他	13704	9.70%
合计	141774	100%

2011 年 3 月，日本大地震不仅影响了日本经济和社会运行，还影响了去日本留学的人数。地震一出，许多原先打算留学的学生撤销了这一申请，甚至有留学生要求回国的现象。为了留住这些人才，解决人才"隐性流失"，日本政府制定并实施了一系列的优惠政策，宣布增加奖学金、缓期交还学费贷款等方式以经济上的优惠来给予生活的照顾；还有公费留学生返日的机票也由政府提供；原先打算来日而撤销申请以及已经回国的留学生再次

来日无需再次办理暂入国手续，可以直接提交申请或回日本学习。此外，日本政府还为外国学子提供了免费研修计划，虽然名额不多，时限也不长，然而这却为由于大地震而却步的外国学生提供了一个实地考察的机会，为他们赴日学习生活打开了大门。除此以外，由于短期交换留学的盛行，日本政府于 2009 年设立了文部科学省补助金项目以帮助出国留学生在国外的生活，以及入境的短期留学生在日的学习和生活。日本政府这一举措促进了本国大学与国外大学的广泛联系，培养了许多跨境的人才。

3.提高激励，吸引高层次人才

日本一直以来都奉行严格而保守的移民政策，但是随着近些年的发展，随着老龄少子化和人口出生率的下降，劳动力短缺的情况越来越明显，日本国内的企业也向政府建言适当放宽政策，欢迎"外来劳动力"。因此，为了方便人才的进出，日本放宽了外国研究人员申请定居的期限和条件，简化了申请的程序，改革了其出入境制度和签证制度，同时为了吸引人才来日，建议发放 APEC 商务旅行卡。日本政府许多有关吸引外国人才的政策措施都是由独立行政法人日本学术振兴会来执行。学术振兴会实施了"外国人特别研究员事业"和"海外特别研究员事业"，分别邀请外国优秀研究人员到日本的大学和研究机构从事研究事业，并资助日本年轻研究人员到国外进行合作研究事业。"外国人特别研究员事业"的前身是原先的对外国研究员奖励制度，于 1998 年时该项目正式推行，凡是与日本建交的国家，都欢迎他们的研究人才来日，日本会负责他们赴日的旅费和生活费等。这一项目的实施极大地推动了日本研究事业的发展。近年来，发达国家为吸引海外优秀人才到本国参与研究事业，配备了高额资助和齐全的研究设备。日本也以此来吸引人才赴日工作，为赴日人才提供一条龙的帮忙和资助，提供充足的科研经费，提供宽松的政策环境和优越的科研环境。据统计，2006 年，来日的年轻研究人员中，有 60% 的研究员来自亚洲，欧洲和美洲的研究人员占 25% 和 15%。据统计，有 6000 余名中国研究人员在日本从事研究事业。除了这项制度外，日本还有"外籍特别研究员"和"外籍聘用研究员"，前者是一种为期 14 ~ 60 天的短期的交流，后者是一种 2 ~ 20 个月的长期交流活动，其作用也是邀请外籍人员赴日进行合作研究，或是来日进行学术交流，指导研究的开展。中国有将近 600 名研究人员在日本进行研究活动，占日本接收外国研究人员数的第一位，日本也有 9500 名研究人员在华，是除了向美国以外派出人数最多的国家。另外，在日本接收的 10 万名留学生计划中，来自中国的留学生占 70%。虽然 2011 年日本的大地震后，这一数字有所减少，但日本政府采取的积极争取政策使得人数慢慢有所回升。日本为了提升其基础科学研究在国际上的地位，于 2004 年由学术振兴会实施了，以建立和加强日本一流大学和研究机构与 15 个科学发达的西方国家，在科学前沿领域的国际合作为目的的强强合作计划。该计划的目的是为了建立并加强日本与这些国家的研究网络以及支持并加强研究人员的短期合作，它有"战略研究网络"和"正合行动动议"两部分，它是为建立国内外合作研究网络奠定基础。日本为了更好地推进国际科技合作，还举办了许多学术交流会议。例如，为了建立顶级研究基地而开办的亚洲研究基地项目；以在其他国家建立研究基地为基础，共同讨论亚非地区一些重要课题为目的的亚非学术平台建设项目；以及为了构建共同合作研究的网络关系而实施的亚洲科学技术交流形成战略。知识在全球是共享的，因此，科学技术的交流也是无国界的，通过邀请外国学者来日参观或短期交流等方式，吸引了众多的科技人才赴日进行研究工作或赴日定居。自从实施了上述吸引留学生、外国研究员和学术交流等措施后，日本吸引的赴日进行研究和工作的人员就在不断的增长中。即使如此，日本政府也仍旧采取政策，积极地吸引人才，以提升日本的综合竞争力。

（三）英国高层次人才引进政策分析

英国是一个比较保守的国家，对于移民比较排斥。但自 1990 年以来，英国政府认识到想要取得巨大的经济效益，就得面向世界招揽高级人才，企业家和科学家。

1.英国吸引高层次人才的相关政策

迈入 21 世纪，英国的劳动力市场、产业结构和职业结构发生了很多变化，这些相关变化对劳动力有了更高要求。

在西方发达国家里，英国的各种技术人才与专业人才的比例位居前列。在世界范围内，长期以来一直有"科研在英国，开发在美国"的说法。在医学、生物、金融、教育、信息等领域可以说是人才济济，仅剑桥大学的诺贝尔奖得主就有 78 位，比其他欧盟国家中一个国家的获奖人数还多。

在人才引进政策方面，英国有着自己的一些独特的做法和措施。英国认同的是全球人才观，对人才的流动采取的是相对比较宽松的政策。

英国的人才引进理念，是非常的实用和功利的。英国在基础研究方面长期可以培养出很多人才，在科技领域的人才却相对不足，原因是英国政府并不愿意在这个方面大量投入开发经费，然而在国际科技学术领域中，常常名列前茅的一个主要的因素就在于在英国看来，用钱直接买来一个科技人才所研究出来的科研成果比花费巨额的资金和精力去开发一名科技人才要经济实惠得多。所以，英国政府加大投入的资金，想方设法地吸引这类人才，并不惜巨资购买这些人才的科技成果。

英国想要吸引的是全世界的人才，而不是局限于培养与使用自己国家的人才。政府规定：英国以及其联邦国家的人才，可以在英国工作两年而不用办理工作签证。这种招揽人才的政策，已经从印度、澳大利亚、加拿大等国吸引了许多专业人才。对于英国的信息产业，近些年来不断从中国等发展中国家引进这方面的人才，例如，著名的英国硅谷公司，中国以及亚裔人员就已占有了相对较大的比例。这些人才的引进在一定程度上弥补和平衡了本国人才的流失。

英国在人才引进管理上一直采用来去自由的宽松政策，其认为，国外的人才最终会以投资与技术转让的方式为英国服务。

2.英国吸引人才的"精英策略"

在精英人才引进方面，英国有着一些很有特色的做法与措施。为了更多、更好地吸引国外精英人才，英国政府近年来一直倡导文化多元及多民族共存的策略方针。在对外来移民的工作许可证制度上英国政府进行了一定的改变，在对国外技术移民的法律限制上进行了重点改进，预计每年将会有达到 10 万人左右的技术移民从发展中国家移民来英国。

英国政府于 2003 年 1 月 28 日开始实施高技术移民这一计划（HSMP）。英国的技术移民没有很严格的职业限制，没有硬性的语言规定，只要英语水平可以达到工作需求便可。英国对技术移民进行评分制度，主要从学历、年龄、工作业绩、工作经验、配偶调查等五个方面进行评分。申请人可以依据自身条件评分，只要有 65 分便可以申请。在认可精英人才的权力上，英国政府也不独揽大权了，而是下放到了全英国著名的跨国公司和科研机构等。

实践证明，英国政府的这种全球化视野的人才观给英国带来了巨大的财富资源。这些海外人才在知识素养上并不亚于英国自己培养的人才，他们的进入充分补充了英国本地人才的不足。

3.英国高层次人才引进政策小结

综上所述，近些年来，英国现行的人才政策是与其成熟的市场经济体制相匹配的、重在提供人才培养与发展环境的政策。它不刻意将某些人作为培养的对象，也不是简单地通过引进一些优秀科学家而指望带动一个领域与学科来达到世界的一流水平，而是十分注重和呵护人才苗壮成长的环境。

英国政府的人才引进政策是十分实用的和功利的。这样的以重金和优厚的待遇引进人才的政策为英国的科技发展带来了丰厚的回报，而实践证明，英国政府的这种全球化视野的人才观确实为其带来了巨大的财富资源。人才使用方面，英国政府认为产学研的结合对于本国的国情非常合适，认为科研和产业、企业相结合才是人才使用的成功之路。

在这样的长期政策支持下，英国的人才允许在国际和国内间自由地流动。由于英国有了适合人才发展的气候与土壤，所以在经济全球化的激烈竞争下，英国仍然保持了相当高的科学优势与人才优势。为了应对国际人才竞争加剧与英国人才需求变化的挑战，并继续保持英国教育本土的整体优势，英国的人才资源开发与管理政策制度正向灵活性与多样性的方向迅速地发展。

（四）新加坡高层次人才引进政策分析

1.政策优惠，吸引海外人才

努力开发人才资源和引进所需要的国际人才一直是新加坡政府对人才政策的一贯理念。因此，为了不断提高国家的人才资源储备，提高国家的竞争力，新加坡政府十分注重各类人才的引进工作。

吴作栋曾经说过："从全球吸引人才对于新加坡的持续发展尤为重要，如果我们不面对挑战，新加坡将变为一个只有几百万人口的无足轻重的国家。"李光耀先生也曾经指出："新加坡必须到国外去招揽人才。"

新加坡的人才引进政策的核心是：想方设法地吸引世界顶尖人才。新加坡政府不仅十分重视培养和开发本国的人才，同时，以优厚的待遇、条件吸引和留住海外人才，并且制定了一系列适合本国国情的政策措施。新加坡的人力资源部规定：申请在新加坡就业的外国人员的月工资不得少于两千五百新币。不同层次人才的酬劳之间有很大的档次。相同资历的大学以上岗位超出初中以下岗位的 5 倍左右。受聘于跨国公司的高级企业管理人员年薪百万者比比皆是。新加坡政府规定凡是企业为海外人才提供高薪和住房等方面的福利待遇支出，以及在培训海外人才方面的支出可以享受减免税等优惠政策，并且还通过调低海外人才个人所得税等方式在原有的基础上不断来吸引人才，以此来鼓励企业加大引进海外优秀人才的力度。新加坡近些年基本上每年都会批准大约三万名国外人成为新加坡的永久居住居民，并批准一部分外籍人才成为新加坡公民，此项措施为新加坡留住了大批有用人才。

新加坡政府为了引进人才所采取的另一种有效手段就是吸引海外留学生到新加坡来留学。新加坡所有的大学里，外国学生大约占 1/5，学校在这些学生入校前都会和他们签订协议，其中一项协议内容是这些外国大学生在毕业后要为新加坡服务 5 年至 6 年。还规定在新加坡就读的硕士博士生在毕业后只要找到合适的工作便可以留在本地就业。

由于新加坡政府采取了多种优惠的人才引进政策，每年引进了大批的海外人才，有效地缓解了本国的人才不足问题，同时也改善了新加坡的人才结构。而"商业入境证"就是多种优惠政策中一项积极推进人才引进工作的有效措施。新加坡政府鼓励凡是有意在新加坡创业的外国人可以凭借自己的商业计划，申请来新加坡。新加坡的商业入境证和就业准证最大的区别在于它不受学历与薪金的制约，只要是适合新加坡发展的商业规划，就能来新加坡进行创业。商业入境证的持有者可以在新加坡居住两年，同时还可以为其家属申请新加坡的居留权。

2.积极引进海外人才，提高新加坡国际竞争力

新加坡政府为了能在世界范围内获得竞争优势，一直把吸引海外人才放在一个很重要的位置。近些年来，新加坡一直通过积极地吸引世界精英来解决本国人才缺乏问题。新加坡引进海外人才的主要措施和手段有：

（1）新加坡政府从20世纪80年代开始就制定了一套详细的移民计划，现在已经成了一个规范化的制度。先是根据对新加坡人才库的动态分析由政府的相关部门提出国家对各领域人才需求的拟案，同时制定与其配套相关的政策措施来引进必须人才。其次是创建人才服务机构，除了政府的服务机构以外，由政府授权的社会组织机构也可以参与服务人才引进的相关事宜。最后，根据新加坡人才市场的变化，有针对地吸收海外技术移民与投资移民。

（2）新加坡政府提出了要用最优惠的政策、最好的待遇、最好的工作环境和最有挑战的工作来吸引最优异的海外人才。一些比较具体的优惠政策是：企业和公司在招聘、培训人才方面的支出可以享受减税，加强人才的培训工作和提高人才的居住环境与待遇。

（3）新加坡通过提供奖学金等鼓励手段，把国外的一些优秀的大学生吸引来新加坡就读并培养，还和学生签订毕业之后为新加坡至少工作服务5至6年的协议。而且新加坡政府十分重视吸引来自发展中国家的优秀人才到新加坡留学，不仅引进已经有一定成就的人才，而且注意引进可塑型人才。

（4）新加坡政府在吸引海外人才的主要方法有：①国家领导人亲自邀请各国人才，根据本国经济发展的需求，他们每年都会派专人带总理的亲笔信和招聘书到牛津、剑桥、麻省理工学院等世界著名大学招聘人才；②用优厚的待遇吸引人才，他们对招聘的人才许诺住房、高薪、保险等具有很大国际竞争力的优厚条件。他们认为政府虽然付出巨资，但这些高端人才的昂贵教育经费是由他们受教育的国家来承担的，相比较起来还是划算的；③使用股票期权来延揽人才，近几年，许多政府控股的企业用这样的方式来吸引和留住人才，使他们的事业与企业的发展前途紧密联系在一起。

新加坡政府的这些政策措施在吸引海外人才方面取得了明显的效果。在目前新加坡近400万的人口中，外国人大约占25%。新加坡统计局的数据显示，目前有8万多外籍的精、高、尖端人才受聘于新加坡的跨国企业，3万多通信与信息的专业技术人员中1/3来自国外，高等院校中近40%的讲师和教授为外国人。

3.新加坡人才资源开发与管理政策分析

新加坡是一个多民族共存共发展的小国，采用兼收并容的用人政策，具有东西方多元文化环境，并且有高薪与挑战的市场，不参与冷战的国际政策，谋求亚洲"瑞士"的国际化地位。新加坡华人占全国人口的76.9%。为此，新加坡政府极力鼓励、提倡、教育和弘扬东方传统观念的伦理道德，并在吸收消化外来思想意识基础上，将东西方的文化、哲学和心理有机地融为一体，形成和发展了注重团体精神的独特企业文化，主张个性和组织目标一致性，当两者发生冲突时，以个性服从组织。

在人才资源开发与管理的政策上，新加坡政府分别从教育、优惠的政策、海外人才的引进以及人才的合理使用方面集思广益，使其所制定的政策方针能最大化地发挥效用。例如，第一，把薪金作为引进与留住人才的主要方式。第二，使员工的收益与他的付出相匹配，也就是多劳多得，不劳不得，年终用分红的形式，激励员工创造更优异的工作成绩。第三，随着新加坡经济的不断增长，用分红改善员工的生活和提高员工努力工作的积极性。第四，尽可能提供给员工具有挑战性的工作机会，使他们积累经验，获得成长。第五，针对不同人员的不同需求，为员工提供学习和培训的机会，使他们获得满足感和看到自己成长与发展的希望。中国的综合国力正在不断的增强，新加坡在培养、吸引、使用和留住人才方面的政策措施很值得我国借鉴。

第五章 国内高层次人才政策概况

国内针对高层次人才的政策也依所在行业、区域和对象等不同而有所差异。从不同行业来说，每个行业都有其相应的、有针对性的高层次人才政策，如教育部出台的有关政策。按照地域来说，有国家级政策、省市等区域性高层次人才政策等。按照人才所属的国籍来看，有针对国内高层次人才的政策，也有针对国外人才的政策。

一、国家层面的高层次人才政策

在高层次人才培养与使用方面，我国有关部门先后出台了"百千万人才工程""四个一批""西部之光"人才培养计划、《2004—2008年全国党政领导班子建设规划纲要》等多项政策文件。为加大高校高层次人才的培养力度，教育部等有关部门也出台了一系列的政策文件，如1993年实施的"跨世纪优秀人才培养计划"，1998年教育部在国务院批转的《面向21世纪教育振兴行动计划》中启动"高层次创造性人才工程"。此外，教育部还实施了"优秀青年教师资助计划""高等学校骨干教师资助计划"和"留学回国人员科研启动基金"等。近期，国家有关部门还在研究制定《中央企业领导人员管理暂行办法》《加强高层次专业技术人才队伍建设的若干意见》《加强高层次专业技术人才队伍建设的若干意见》《关于建立海外高层次留学人才回国工作绿色通道的意见》等政策。

在高层次人才吸引方面，国家出台了一系列吸引中国留学生回国的政策文件，如《人事部、国家教委关于进一步争取优秀留学博士回国做博士后的通知》（人专发〔1992〕16号）、《关于吸引海外留学人员为西部服务，支持西部建设有关工作函》（教外厅〔2002〕30号）、《人事部（关于重点资助优秀留学回国人员开展科技活动）的通知》（人调发〔1995〕144号）等。在吸引国外人才方面，国家也出台了一些相关政策，如经国务院2003年12月13日批准，公安部、外交部还在2004年8月15日联合发布实施了《外国人在中国永久居留审批管理办法》（公安部、外交部第74号令），2005年，我国有关部门出台了《外国专家在中国工作管理条例》。

在高层次人才激励方面，也先后出台了国家科学技术奖励政策、政府特殊津贴政策、有突出贡献的中青年专家政策等。

在高层次人才安全方面，国家有关政策文件也多次提到这方面问题，《中共中央、国务院关于进一步加强人才工作的决定》（2003-12-26）指出，要"高度重视和充分信任国家重要人才。通过立法维护国家重要人才安全，有效防止重要人才流失"。人事部《2005年人事工作要点》提出，要"配合有关部门研究人才安全问题，制定重要人才流动办法"。①

可以说，国家的这些人才政策是相当具有成效的。随着人才队伍建设力度不断加大，高层次和高技能人才队伍进一步壮大，引进国外人才和智力工作深入推进。

截至2014年底，我国有两院院士1500多人，有突出贡献的中青年专家6000多人，百千万人才工程国家级人选4900多人，享受政府特殊津贴专家16.7万人。

---

① 李志军主编：《重大公共政策评估理论、方法与实践》，北京：中国发展出版社，2013年，第340页。

2014 年末，我国留学回国人员总数达 180.96 万，其中 2014 年回国 36.48 万人，比上年增长 3.2%。国家级留学人员创业园达 43 家，全国各级留学人员创业园达 305 家。博士后科研工作站总数达到 2759 个，博士后科研流动站总数达到 3011 个，其中 2014 年新增 308 个博士后科研流动站，招收培养博士后 1.4 万人。[①] 以下将列举与高校相关的高层次人才政策。

（一）国家科学技术奖励政策

自 1978 年 3 月全国科学大会以来，我国恢复和重建了国家科学技术奖励制度，这项制度有力地激励了科技人才的创造热情。为了解决科学奖励制度存在的一些问题（如奖励项目过多，获奖项目质量有所下降；缺少具有权威性的最高奖项；奖励项目促进技术创新、成果转化和高科技产业化的导向性不强；重复设奖、奖励名目多而乱），1999 年 5 月 23 日中华人民共和国国务院令第 265 号发布实施《国家科学技术奖励条例》[②]，《条例》分总则、国家科学技术奖的设置、国家科学技术奖的评审和授予、罚则、附则 5 章 25 条。通过立法设立了国家最高科学技术奖，并完善国家级四大科学技术奖——国家自然科学奖、国家技术发明奖、国家科学技术进步奖、中华人民共和国国际科学技术合作奖。同时还规范了省、部级以及社会力量的科学技术奖励办法。[③]

（二）政府特殊津贴政策

1990 年 7 月，经党中央、国务院批准，决定给部分高级知识分子发放

---

① 2014 年度人力资源和社会保障事业发展统计公报（全文）［EB/OL］http：//politics. people.com.cn/n/2015/0528/c1001-27071609-3.html.2015-5-28。

② 注：根据 2003 年 12 月 20 日《国务院关于修改＜国家科学技术奖励条例＞的决定》第一次修订，根据 2013 年 7 月 18 日《国务院关于废止和修改部分行政法规的决定》第二次修订。该《条例》发布后，1993 年 6 月 28 日国务院修订发布的《中华人民共和国自然科学奖励条例》《中华人民共和国发明奖励条例》和《中华人民共和国科学技术进步奖励条例》同时废止。

③ 国家科学技术奖励条例.中国政府网.2014 年 5 月 15 日。

特殊津贴。为此，人事部、财政部发出《关于给部分高级知识分子发放特殊津贴的通知》(人专发〔1990〕6号)，决定将特殊津贴列为国家财政专款，从1990年7月开始发放，津贴额为每人每月100元。此后经过多次调整，津贴额补贴标准不断增加，截至2015年津贴额为一次性发给人民币20000元，免征个人所得税。这是党中央、国务院为加强和改进党的知识分子工作，关心和爱护广大专业技术人员而采取的一项重大举措。这对于进一步营造"尊重知识、尊重人才"的良好社会环境，加强高层次专业技术人才队伍建设发挥了重要作用。

政府特殊津贴选报人员主要是专业技术人员，注重选拔一线的创新人才。从2008年开始享受国务院特殊津贴人员的选拔范围扩大到高技能人才。在企事业单位中担任党政领导后不再直接从事专业技术工作的人员，担任副省（部）级及其以上领导职务和享受副省（部）级及其以上待遇的专家、学者，党、政、军、群机关的工作人员，除中国科学院院士和中国工程院院士外，原则上不享受政府特殊津贴。已享受政府特殊津贴人员不作为推荐人选。推荐人选应以近5年以来取得的专业技术业绩、成果和贡献为主要依据，并得到本地区、本系统同行专家的认可。

其一，每两年选拔一次享受政府特殊津贴人员，对经批准享受国务院政府特殊津贴的人员，国务院授权人力资源和社会保障部颁发政府特殊津贴证书，由国家一次性发给人民币20000元，免征个人所得税。[①]

其二，对1995年以前享受国务院政府特殊津贴的人员，仍按月发放政府特殊津贴。

（三）百千万人才工程

自1995年起，人力资源社会保障部会同科技部、教育部、财政部、

---

① 享受国务院颁发政府特殊津贴专家.潍坊新闻网.2012年9月18日。

发展改革委、自然科学基金会、中国科协组织实施了旨在培养造就中青年学术技术带头人的"百千万人才工程"。截至2010年底，共4100多人入选，其中涌现了一批杰出的科学家、各行业领域学术技术领军人才，在国家重大科研项目攻关和重点工程建设等方面发挥了重要作用，为提高我国自主创新能力，推动经济科技跨越式发展做出了突出贡献。以"百千万人才工程"为龙头，各地区、各部门组织实施了一系列高层次人才培养工程，初步形成了分层次、多渠道、自下而上的中青年学术技术领军人才培养工作体系，逐步健全了创新型高层次人才选拔培养机制，对推动国家高层次专业技术人才队伍建设起到了重要的引领作用。

《国家中长期人才发展规划纲要（2010-2020年）》（中发〔2010〕6号）和《专业技术人才队伍建设中长期规划（2010-2020年）》（中组发〔2011〕7号）明确提出，要进一步实施并完善百千万人才工程，制定不同层次、不同类别、不同地区的人才培养计划。2012年中组部、人力资源社会保障部等11部门共同印发了《国家高层次人才特殊支持计划》（中组发〔2012〕12号），将"百千万人才工程"纳入"国家高层次人才特殊支持计划"统筹实施。总体目标是从2012年起，用10年左右的时间，有计划、有重点地选拔培养4000名左右"工程"国家级人选，重点选拔培养瞄准世界科技前沿，能引领和支撑国家重大科技、关键领域实现跨越式发展的高层次中青年领军人才。其中，纳入"国家高层次人才特殊支持计划"的基础学科、基础研究领域领军人才1000名左右。

"工程"地方部门人选选拔30000名左右，重点选拔培养在各学术技术领域起骨干作用、具有发展潜能的中青年领军后备人才。国家百千万人才工程与国家重大人才计划、各地各部门专业技术人才培养工程相互协调衔接，形成分层次的高层次人才培养选拔体系。①

---

① 国家百千万人才工程实施方案［EB/OL］. http://www.mohrss.gov.cn/zyjsrygls/ZYJSRYGLSzhengcewenjian/201301/t20130115_82418.htm.2013年1月15日。

（四）国家有突出贡献的中青年专家政策

国家有突出贡献中青年专家是由原国家人事部组织选拔的在科学技术研究中做出重要专业贡献的年纪比较轻的一类专家的称呼。1984 年由中国中共中央组织部等四部门联合选拔的专业技术与专业管理上有重要贡献的一类专家。后根据中央各部委职能调整，划归国家人事部牵头管理，现归国家人力资源与社会保障部管理。

该类专家选拔一般每两年一次，实行中央下达指标的办法有控制的选拔。这类专家，至今选拔数量比较少。进行有突出贡献的中青年科学、技术、管理专家的选拔工作，对广大中青年专业技术人员及管理人员具有明显的激励和导向作用，在社会上产生了积极的影响。为了加速科技人才的培养，促进整体性人才资源开发，人事部于 1995 年印发了《关于进一步做好有突出贡献的中青年科学、技术、管理专家工作的意见》，使这项工作进一步规范化、制度化。[①]

（五）高层次创造性人才计划

1998 年教育部启动"高层次创造性人才工程"。"高层次创造性人才计划"包括"长江学者和创新团队发展计划""新世纪优秀人才支持计划"和"青年骨干教师培养计划"三个层次，其中"长江学者和创新团队发展计划"是目前教育部最高层次的人才项目，每年遴选聘任 100 名长江学者特聘教授、100 名长江学者讲座教授，重点支持 60 个优秀创新团队，以吸引、遴选和造就一批具有国际领先水平的学科带头人，形成一批优秀创新团队。"新世纪优秀人才支持计划"着眼于培养、支持一大批学术基础扎实、具有突出的创新能力和发展潜力的优秀青年学术带头人，每年遴选支持 1000 名左右。"青年骨干教师培养计划"每年重点支持培养 10000 名以上的青年骨干教师，提升教师队伍整体素质。

---

① 引自 http://baike.baidu.com/view/4393260.htm。

三个层次间，上层牵引下层，下层支撑上层，为人才强校战略提供持续发展的人力资源。

为保证"高层次创造性人才计划"的有效实施，教育部坚持统筹协调学科建设、人才培养、科技创新、队伍建设和国际交流合作等各方面工作，将人才计划与"985工程""211工程""高等学校科技创新计划"等工作紧密结合，充分发挥人才、基地、项目、资金和政策的综合效益。在教育部的示范和带动下，多数高校也制定实施了相应的高层次人才计划。

（六）博士后人才政策

我国的博士后制度，是在改革开放的大环境下，借鉴了国外博士后制度和培养年轻高级人才的经验，于1985年7月，经国务院批准开始试行。这一制度目的是吸引、培养和使用高层次优秀人才，完善的博士后制度不仅是提升研究型大学的竞争实力、推动世界一流大学建设的重要支撑，也是全面提升我国科技创新能力的战略抓手之一。至今已实施30年，取得了较大的成效。截至目前，我国已建成3011个博士后科研流动站、3405个博士后科研工作站，累计招收培养了14万余名博士后研究人员，为推动科技进步和经济社会发展做出了积极贡献。

2015年国务院办公厅印发《关于改革完善博士后制度的意见》（下称《意见》），提出改革完善博士后制度，完善博士后管理办法。强调通过改革设站和招收方式，完善管理制度，加强培养考核，促进国际交流，充分发挥博士后制度在高校和科研院所人才引进项目中的重要作用、设站单位在博士后研究人员培养使用中的主体作用、博士后研究人员在科研团队中的重要作用。到2020年，重点高校、科研院所新进教学科研人员和国家重大科技项目中博士后研究人员的比例有明显提高，外籍和留学回国博士新进站人数进一步增加，人才聚集吸引效应显著增强。

在《意见》中肯定了我国博士后工作的制度模式，明确了新背景下博士后研究人员的定位。博士后研究人员是我国有计划、有目的培养的高层次创新型青年人才。博士后研究人员在站期间是具有流动性质的科研人员，享受设站单位职工待遇，设站单位需按单位性质与博士后研究人员签订事业单位聘用合同、企业劳动合同或工作协议。这对于进一步明确博士后是工作人员而不是学生的身份定位，进一步明确设站单位需按照工作人员来培养使用博士后具有重要作用，有利于保障博士后研究人员的权利，明确设站单位的权利义务。[①]这些举措的实施，为博士后创新创业搭建了平台，提供了优惠政策，有利于高校博士后工作的进一步发展，有利于更多高层次人才向高校集聚，必将进一步促进博士后创新创业，推动博士后研究人员及博士后合作导师科研成果产业化，进一步推动大众创业万众创新。

（七）国家高层次人才特殊支持计划

国家高层次人才特殊支持计划，简称"国家特支计划"[②]，亦称"万人计划"，是面向国内高层次人才的支持计划。

2012年8月17日，经党中央、国务院领导批准，由中组部、人社部等11个部门和单位联合印发。总体目标是，从2012年起，用10年左右时间，有计划、有重点地遴选支持10000名左右自然科学、工程技术、哲学社会科学和高等教育领域的杰出人才、领军人才和青年拔尖人才，形成与引进海外高层次人才计划相互补充、相互衔接的国内高层次创新创业人才队伍开发体系。

"国家特支计划"强调重点人才重点支持、特殊人才特殊培养，是一项"含金量"较高的人才支持计划。在有关部门原有支持的基础上，国

① 改善完善博士后制度 多措并举培养高层次人才［EB/OL］.中国经济网.2015年12月5日。
② 万人计划首批名单已确定，特殊支持措施同步下达［EB/OL］.第一资讯.2013年10月31日。

家将对入选计划的重点对象提供与国家"千人计划"专家大致相当的"重点支持经费",并授予"国家特殊支持人才"称号。"重点支持经费"主要用于入选者开展自主选题研究、人才培养和团队建设等方面。

同时,"国家特支计划"要求有关部门和用人单位在科研管理、事业平台、人事制度、考核评价、激励保障等方面为入选者制定落实配套政策措施,加大培养支持力度。

（八）留学高层次人才政策

1978年以来,教育部及其他有关部门制定了400余件关于出国留学选派、国外管理、回国工作、为国服务、出入境便利、海关、工资待遇等方面的文件。为了加强海外高层次留学回国人才队伍建设,2005年3月22日,人事部会同教育部、科技部、财政部以及全国留学人员回国服务工作部际联席会议成员单位,共同制定印发了《关于在留学人才引进工作中界定海外高层次留学人才的指导意见》,对海外高层次留学人才的范围、界定海外高层次留学人才的主要原则、条件等做了明确规定。《意见》明确指出,当前我国引进海外高层次留学人才一般是指:我国公派或自费出国留学,学成后在海外从事科研、教学、工程技术、金融、管理等工作并取得显著成绩,为国内急需的高级管理人才、高级专业技术人才、学术技术带头人,以及拥有较好产业化开发前景的专利、发明或专有技术的人才。

引进海外高层次人才是提高我国科技创新水平和国际竞争力的重要着力点和突破口,针对我国全面建设小康社会的发展重点和特殊需要,《意见》提出了8项具体的界定条件,它包括了学术界、国外高校、世界五百强企业、国外政府机构、国际组织等8个方面的著名专家、学者、管理人员和技术人员。人事部有关负责人表示,这种界定方式尽量照顾到了科研、教学、创业、管理等多个方面,尤其注重业绩,将界限圈定在留学人员中素质能力层次较高的人员，特别是我国重点建设领域和急需的紧缺人才。

（九）国外高层次人才政策

在全球一体化的大趋势、大背景下，我国人才开发行为日趋国际化，政策支持力度也逐步加大，国外人才在中国有了越来越广阔的发展空间。《2002—2005年全国人才队伍建设规划纲要》指出，要"鼓励留学人员回国工作或以其他方式为国服务""吸引和聘用海外高级人才"。为了吸引国外优秀人才，经国务院2003年12月13日批准，公安部、外交部还在2004年8月15日联合发布实施了《外国人在中国永久居留审批管理办法》（公安部、外交部第74号令）。《外国人在中国永久居留审批管理办法》共29条，分别对外国人申请在中国永久居留的资格条件、申请材料、审批程序、审批权限、取消资格等方面做出了明确规定。许多地方也出台了一些相关政策，如深圳市人事局、深圳市人民政府外事办公室、深圳市公安局、深圳市外国专家局在2002年就联合出台了《关于为外国籍高层次人才和投资者提供入境及居留便利的实施办法》（深人发〔2002〕70号）。

2009年1月中共中央办公厅转发《中央人才工作协调小组关于实施海外高层次人才引进计划的意见》，要求各地区各部门进一步解放思想，完善体制机制，健全政策措施，以更宽的眼界、更宽的思路和更宽的胸襟做好海外高层次人才引进工作。

《意见》指出，要分层次组织实施海外高层次人才引进计划。围绕国家发展战略目标，重点引进一批能够突破关键技术、发展高新产业、带动新兴学科的战略科学家和科技领军人才。在国家重点创新项目、重点学科和重点实验室、中央企业和国有商业金融机构、以高新技术产业开发区为主的各类园区等，引进并有重点地支持一批海外高层次人才回国（来华）创新创业。在符合条件的中央企业、高等院校和科研机构以及部分国家级高新技术产业开发区，建立一批海外高层次人才创新创业基地，推进产学研紧密结合，探索实行国际通行的科学研究和科技研发、创业机制，集聚一批海外高层次创新创业人才和团队。国家有关部门继续做好做强"长江学者奖励计划""百人计划""国家杰出青年科学基金"等人才项目。同时，制定实施专项计划，重点引进本行业本领域发展急需和紧缺的海外高层次人才。各省（自治区、直辖市）结合经济社会发展和产业结构调整的需要，研究制定实施本地区海外高层次人才引进计划，有针对性地引进一批海外高层次人才。有条件的地方，特别是东部沿海地区和中心城市，要依托经济技术开发区、高新技术产业开发区、留学人员创业园、大学科技园等，推出一批特色项目，吸引海外高层次人才回国（来华）创新创业。

《意见》强调，要坚持重在使用，切实为海外高层次人才充分发挥作用提供良好条件。要进一步解放思想，大胆破除不合时宜的条条框框，完善配套政策措施，充分理解、充分信任、热情关怀、放手使用引进的海外高层次人才，积极营造尊重、关心、支持海外高层次人才的环境和氛围，努力做到待遇招人、事业留人、情谊感人、服务到人，使他们能够全力以赴地进行创新创业活动，为建设创新型国家贡献智慧、做出成绩。[1]

二、地方政府高层次人才政策

21世纪初，我国步入全面建设小康社会时期，伴随着国际竞争日趋激烈的趋势，由上海市作为先导，全国很多省份开始构筑本省的人才高地，出台了众多的人才政策。2008年，中共中央办公厅转发《中央人才工作

---

[1] 中央决定组织实施海外高层次人才引进计划［EB/OL］.新华网.2009年1月8日。

协调小组关于实施海外高层次人才引进计划的意见》，要求组织实施海外高层次人才引进计划，引进并支持一批海外高层次人才回国创新创业。全国各地纷纷响应，近年来京、沪、浙、粤、苏五地的人才引进计划工程蓬勃发展。

（一）北京市海外高层次人才政策

作为全国的政治、文化、科技和国际交往中心，北京人才资源丰富、金融机构密集，投资环境良好，具有吸引海外人才回国创业发展的环境优势。但是，在吸引海外高层次人才方面，北京也存在着诸多劣势，比如，北京房价过高、市内交通状况不佳、空气质量较差，在人才发展的软环境，尤其是政策机制环境仍有待进一步优化。为提升首都城市发展核心竞争力，为首都经济建设和社会全面发展提供坚实的人才保证和智力支持，北京将海外高层次人才开发提升到了战略高度，在开发利用海外高层次人才方面，北京市近年来的重要举措如下。

1.着力推动政策和体制机制创新

北京市制定了《关于实施北京海外人才聚集工程的意见》《北京市鼓励海外高层次人才来京创业和工作暂行办法》和《北京市促进留学人员来京创业和工作暂行办法》（简称为"一个意见、两个办法"），对担任重大科研项目负责人的工作类海外高层次人才，提供稳定的科研经费保障，允许他们在规定职责范围内，自行决定科研经费的使用；对创业类海外高层次人才，在企业注册、工商、税务、商检等方面提供便利服务。市政府除在创业初期给予资金扶持外，在企业发展期，还积极帮助企业通过多元化投融资平台解决发展资金支持问题。

在赴海外延揽人才活动中，北京市通过主旨演讲、政策推介、人才典型交流发言、主题展览、提供资料等形式，全面介绍北京的宏观战略、发展态势、引才政策和引才诚意；尤其是针对海外人才普遍关注的中关村人才特区建设，详细介绍国家在科技经费使用、境外股权和返程投资、进口税收、人才兼职、居留与出入境等方面的 13 项特殊支持政策，使海外高层次人才对在首都干事创业的发展政策环境有了更为直观、感性的认识。

北京市充分发挥海外学人中心、海外学人工作联席会等机构的作用，面向广大海外人才和在京用人单位提供信息交流、政策咨询、项目推介和配套服务，帮助海外高层次人才找到适合自身成就事业的平台；在人才引进来之后，落实政策、兑现承诺，帮助他们解决签证、住房、医疗、子女入学等方面的具体问题，鼓励和支持人才最大限度地发挥作用、实现价值。比如，2011 年启动的中关村人才特区行动计划，一项重要工程就是人才公寓建设工程，当年就首批启用了 6045 套人才公寓。另外，行动计划还在居留与出入境、落户、进出口环节税收、医疗、住房、配偶安置等多个方面做出政策规定，力求全方位做好海外人才来京创业的生活服务保障。

2. 积极构建海外高层次人才引进工作体系

北京市注重立足首都特点，构建海外高层次人才工作体系；注重通过策划和举办重点引才活动，为用人单位与人才的双向选择搭建平台，努力让人才各得其所，让用人单位各取所需。北京市成立了由市委组织部牵头，市人力社保局、市科委等 29 个单位组成的北京市海外学人工作联席会，并在原有留学人员服务中心的基础上，成立了海外学人中心，打造了探寻海外高层次人才的专业化平台。依托统战、外事、侨务等工作渠道，了解和掌握海外人才分布情况，把握不同国家和地区优势产业的发展特点和对人才的聚集效应，有计划地到高端人才密集之地探寻人才。

2009 年以来，北京市先后在华盛顿、硅谷、多伦多、伦敦、东京、慕尼黑、香港、悉尼等地相继成立了 8 个人才联络处，全方位地向海外宣传首都发展建设成就，搭建海外人才与首都沟通交流的桥梁，基本形成了辐射北美、欧洲、东北亚、大洋洲等发达国家和地区的人才联络网。组建由市委组织部、市政府外事办公室、中关村管委会等部门组成的人才工作代表团，2010年以来连续三年赴美国、德国、澳大利亚延揽人才。在美国纽约、硅谷，德国慕尼黑、斯图加特，澳大利亚悉尼、墨尔本等地区，精心组织开展了群英会、聚贤会、恳谈会、人才峰会等一系列活动，广泛联系驻外使领馆和华人专业社团组织，采取行业推荐、名师推荐、团队推荐等多种方式，邀请金融、汽车、软件、生物医药等领域的高端人才参与，直接受众达1200多人，有3万多人次来电来访咨询引才政策。对于特需人才采取特殊方式寻访，充分发挥海外人才联络机构的职能作用，瞄准重点领域，长期开展人才资源信息摸底，定向引进海外高层次人才。

3.积极打造创新创业平台

人才实现价值需要平台，为此，北京市注重资源整合和政策集成，不断完善激励机制，以中关村国家自主创新示范区建设为重点，着力打造创新平台，营造类海外学术环境，为海外高层次人才施展才华创造良好的条件。

2010年底，北京市和科技部、财政部等19个中央单位共同组建了中关村创新平台，简化和规范审批程序，对重要事项"特事特办"，努力打造"政产学研用"相结合的创新环境，并依托每年投入100亿元，连续投入五年的"重大项目转化和产业化扶持经费"，有力推动了重大创新成果在京落地转化。目前，在中关村国家自主创新示范区已经建设了29个留学人员创业园，累计孵化海外人才企业3800多家，同时，还与北大、清华等17所高校、科研院所建立了产学研用合作关系，使企业成为自主创新的主体，加快了科研成果的转化。

2011年3月，中央批准在中关村建设"人才智力高度密集、体制机制真正创新、科技创新高度活跃、新兴产业高速发展"的国家级人才特区，吸引了海外人才的普遍关注。北京市以此为契机，在中关村人才特区着力打造两个"发展级"——"未来科技城"和"中关村科学城"。未来科技城作为承担国家战略性新兴产业发展的人才创新创业基地，依托神华、商飞等15家央企的科技、产业、智力资源，聚集起一批高端研发机构，一批低碳能源、民用飞机技术、新材料等领域的重大项目也在此落地。中关村科学城汇集了清华大学等27所重点高校、近140个国家级科研机构，以及6000多家高新技术企业，在航天科技、国防科技等领域已经建立了一批高端研发基地。"未来科技城"和"中关村科学城"成为创新要素高度活跃、产业项目高度密集的创新区域，为海外高层次人才成就事业提供了广阔舞台。

（二）上海市海外高层次人才政策

长三角地区是我国综合实力最强、开放化程度最高、科教文卫事业最发达因而最具发展活力和潜能力的地区之一，2010年5月，中央颁布《长三角洲地区区域规划》，长三角地区被赋予了更加深远的历史使命——成为全球重要的现代化服务业中心和先进制造业中心。长三角地区对高层次人才尤其是海外高层次人才需求日益扩大。作为长三角地区发展龙头，发达的经济是上海市吸引海内外人才的基础。上海肩负着面向世界、服务全国、联动长三角的重任，作为一个国际性大都市和对外开放的前沿阵地，上海是海外人才在国内首选的集聚地之一。

据2011年初数据显示，在沪工作和创业的留学人员总量超过9万人，留学人员在沪创办企业4300家，总投资额约6亿美元。上海引进中央"千人计划"225人，仅次于北京，已经引进第一批"上海千人计划"160名。具体而言，上海市海外高层次人才引进具有以下特征：

1.享有国家部分政策先行先试优势

上海市是中国经济社会管理体制机制改革的排头兵，能够独享某些国家政策的倾斜。2009年国务院明确加快上海市国际金融中心和国际航运中心建设。2005年国务院批准浦东新区成为第一个国家综合配套改革试验区，使浦东成为全国首个由享受政策优势的地区转向为享受体制优势的地区。2011年国务院批复同意张江高新区建设国家自主创新示范区。人才工作和人才政策是四个中心和示范区建设的首要任务。依托国家给予的政策和体制优势，探索市场化的人才引进工作体制机制，是上海区别于其他省市的独特优势。

2.注重人才引进工作的系统性建设和示范性建设

上海市"十二五"规划纲要中明确提出要建设国际人才高地，浦东国际人才创新试验区的建设旨在从人才管理体制机制、政策法规、服务体系等方面创新突破，探索完善永久居留制度、试行技术移民制度、建设知识产权保护体系、创新信贷模式、培育创新文化等。创新试验区建设的目的是进行系统性的制度建设，力图将人才引进和推动人才创新创业相关的体制机制纳入制度化轨道，使人才引进和管理有法可依、有制度可依，从而最终实现人才引进的常态化机制。尝试突破人才引进、人才薪酬、人才管理、人才激励模式和人才发展制度即机制方面的障碍，创新实验区的建设尝试解决的是中国目前在人才引进工作中遇到的普遍难题，对于全国具有重要的示范和借鉴意义。

3.注重引才的国际性和产业针对性

上海市"十二五"规划提出到2020年将上海基本建设成为国际经济、金融、贸易和航运中心。人才国际性特征是上海对引才的独有要求，建立与国际相衔接的制度急需国际性人才的参与。浦东百人计划中规定引进的高层次金融人才要在国际大型金融机构中担任高级以上专业或管理职务，精通相关领域业务和国际规则；高层次航运人才要在国际知名航运企业（或机构）担任高级以上管理或专业职务，或者毕业于相关国际知名院校且具有丰富航运从业经验。

注重创新科技企业投融资服务。上海市为解决中小企业融资难的问题，采取多种渠道帮助企业寻找资金，为企业创造宽松的融资环境。例如，张江高科技园区就采取了多种渠道融资。2010年出台了《上海市国有企业股权转让管理暂行办法》，国资创投可以以股权投资方式支持科技型企业的发展，并通过成本利息的方式退出股权；鼓励企业改制上市融资，张江高科技园区通过三个100万政策鼓励中小企业进入创业板等资本市场直接融资；鼓励企业进入OTC和新三版，张江园区根据企业进入新三版、联交所产权交易转让平台发生的费用给予30万到80万元不等的一次性资助。设立"代持股专项资金"。对符合股权激励条件的团体和个人，给予股权认购、持股及股权取得阶段所产生的个人所得税代垫等资金支持。

4.有力保障海外人才安居工程建设

上海实施了多项"人才安居工程"，2008年浦东区计划三年内建设3.7万套230万方人才公寓。2009年嘉定区形成了配售、配租、补贴三位一体的"嘉定模式"。2010年杨浦区着手建设江湾人才公寓，解决包括"千人计划""上海千人计划"等各类高层次人才的住房问题。2011年，张江核心园拟计划建设一批限价商品房，定向配套给张江核心园的人才。此外持有《上海居住证》（B证）的外国籍人员可以在办理房屋产权登记手续公正的情况下在上海市贷款买房。

（三）江苏省海外高层次人才政策

江苏在海外引才工作上走得早、走得快、走得好，取得了突出的成绩。江苏的双创计划、无锡的计划，苏州的姑苏人才计划和精英国际创业周都已经在国内形成了引才品牌。21世纪江苏省认识到创新型经济的重要性，开始大力发展新兴产业，以政府为主导的创新型人才引进工作在全省铺开，2007年推出"双创计划"，2008年江苏省海外高层次人才引进工作也如火如荼地开展起来。具体而言，江苏省海外高层次人才引进具有以下特点：

1.形成了上下联动，各部门配合的引才体制

江苏省高度重视人才工作体制建设，省、市、县三级都建立了人才工作领导小组，下设小组办公室协调各部门工作。引才政策一般以人才工作领导小组的名义或者几个单位联合发布，从政策源头上保证了各引才部门的参与和责任。针对人才引进计划，江苏省在省级层面设立人才引进专项办公室，组织和协调各方工作。针对特别重要的引才计划成立专门小组推进计划实施，例如，成立"江苏省高层次创新人才引进协调小组"专门负责"江苏省双创引才计划"的顺利实施。

2.形成了地方政府人才引进工作的考评机制

为了加快海外人才引进，以人才引进工作政绩考核地方政府的方式在江苏省开始推广。省层面，人才引进专项办公室对地方人才引进工作进行考核、评审。市层面，以无锡市为例，市委组织部人才办会将每年的引才任务分解到各县市，并设立了33个指标来评价各县市区的人才引进工作，包括对创业项目的落户数、存活率等进行量化考核，对各县市人才引进工作进行鼓励和鞭策。

3.形成了政府主导的多元引才渠道

江苏省海外人才引进主要有以下几种渠道：（1）由政府组织企业和高校到海外开设宣讲会和招聘会，这是一种直接走出去的引才渠道；（2）组团参加国内的海外人才交流会，如中国留学人员广州科技交流会、大连海创周等；（3）自主举办特色人才交流会，如苏州市的国际精英创业周活动，邀请海外精英到苏州实地考察创业环境和生活环境，增加其落户苏州的可能性。

江苏省及其市县本身较为完善的科技创新创业政策在引进海外高层次

人才上起到了关键作用。以无锡为例，为推动中小科技企业发展先后出台了多项支持政策，主要有《科技型中小企业创业投资引导基金管理暂行办法》（财企〔2007〕128号）、《无锡市科技保险费补贴资金使用管理办法》（锡科计〔2008〕207号，锡财企〔2008〕121号）、《无锡市专利权质押贷款管理办法（试行）》（锡银发〔2009〕7号）、《无锡市创业投资引导发展专项资金运行管理暂行办法》（锡政发〔2009〕56号）、《市政府办公室关于为中小企业开展再担保业务的通知》（锡政发〔2009〕63号）。海外高层次人才政策得到了其他科技创新创业政策的配合，避免了单兵突进的尴尬，从而能够更加发挥其优势。

4.政府资金和社会资金相互结合的创业资金支持

创业企业的资金支持主要来自于政府资金和社会资金，政府资金包括无偿补助、成立或参与担保公司和风投公司；社会资金包括银行、担保公司、小额贷款公司和风投公司对创业企业进行回馈性的投资、担保和贷款。

政府对创业企业提供无偿资助包括：（1）创业或科研启动经费、创业创新资金资助等，按人才或计划不同资助经费在几十万到上百万不等。有些项目对创新团队给予额外的资金资助，例如，"紫金计划"中规定对在高科技领域实现重大技术突破和创新成果产业化的创新创业团队，将再给予100万至700万元不等的项目经费支持。（2）资金补贴，主要有贷款贴息和科技保险补贴。如姑苏人才计划中规定给予最高万元的科技保险费补贴和万元的贴息资助。风险投资环节政府背景的投资公司向企业研发前期进行风险投资，帮助企业进行创新，在担保环节也是如此。

5.提供高质量的生活保障

海外人才在生活上的问题涉及签证、落户、保险、住房、子女入学、配偶工作等，解决海外人才的生活问题与解决创业创新扶持问题同样关键。2011年江苏省出台《江苏省海外高层次人才居住证制度暂行办法》，南京、苏州和无锡分别出台了各市的暂行办法。四个暂行办法为符合条件的海外人才提供了市民待遇，持有《居住证》的海外人才可以在创办企业、社会保障、住房公积金、资格评定考试和登记、专利申请、子女就读、居留和出入境、驾驶执照、购房等方面可以享受与当地居民同等的权益。

（四）广东省海外高层次人才政策

在经济转型期下，随着我国社会和产业的转型，面对北京、上海、江苏等省市的强力竞争，广东原有的经济优势正在逐步消失。在高层次人才方面，根据第二次全国 R & D 资源清查公报，广东每十万人口拥有大学文化程度 3560 人，低于上海的 10940 人、江苏的 3919 人，以及全国 3611 人的平均水平。为了应对经济全球化、知识经济的快速发展以及省内产业结构转型升级的需要，广东省政府从 1992 年开始出台系列政策鼓励和吸引留学人员前来广东工作和创业。具体而言，广东省海外高层次人才引进工作具有如下几个特点：

1. 多项政策并举，吸引海外人才

"十二五"期间，深圳推行"人才孔雀计划"，为其不断提升自主创新能力和进一步扩充人才储备提供重要保障。据统计，自"孔雀计划"实施以来，已引进海外高层次人才 6 批，总共认定海外高层次人才 184 名，其中 A 类 30 人，B 类 35 人，C 类 119 人。这些"孔雀人才"年龄结构趋于年轻化，平均年龄 38 岁。在 184 名"孔雀人才"中，博士 173 人，占到 94%，其余 11 人全部为硕士，凸显出高学历的特点。

2009 年 3 月 10 日，广东省召开全省人才工作座谈会，会中提出将从 2009 年起组织实施"珠江人才计划"。用 5 年至 8 年，引进 500 名能够突破关键技术、带动新兴学科、发展高新产业的高层次人才，特别是应用型创新创业领军人才。要坚持以用为本，充分发挥现有人才的作用，让各类人才各得其所、用当其时、才尽其用。要统筹抓好高技能人才、农村实用人才、企业经营管理人才、社会发展重点领域人才、青年人才、非公人才队伍建设，加强区域人才开发工作，促进人才协调发展。

2.拓展揽才平台渠道

广东省侨办和各市级留学人员管理服务中心多次联合举办留学人员项目对接洽谈会，邀请持有高科技项目的留学人员与投资方面对面进行交流洽谈，并在一些项目上达成合作意向，还有，深圳的大中华新海归协会，定期举行海归项目推介会，将大量海归初创型的项目进行介绍，并邀请很多投资商会参加，实现项目和资金的对接，帮助海归创业。

广东省侨办充分借助国务院侨办在各省举办的"高科会""华创会""华交会"以及广州"留交会"、深圳"高交会"等大型活动平台，与海外华侨华人专业人士建立联系。广东省侨办于2011年起精心打造"智汇广东"品牌活动，每年邀请海外重点团队携项目来粤与企业、研究机构或高校对接，对接活动主要由各地市政府或相关职能部门承办，部分活动还邀请国务院侨办经科司、驻外使馆共同主办。通过该品牌活动，吸引了大批高端人才和创新团队落户广东，有力地推动了广东的经济转型升级。

在引进海外人才的大格局之下，为了进一步发展广深地区的高新技术产业，吸引海外留学人员来此创业，广东省深圳市政府决定斥资建立"留学生创业园"。设立至今，园区发展迅速，经济效益逐年增加。随着园区的知名度越来越响，深圳市创业园已经成功引进了一大批海外人才。

3.人才激励政策优惠

为吸引海外高层次人才落户广东，更好服务已落户广东的海外高层次人才，广东省政府先后出台了《广东省引进创新科研团队专项资金管理暂行办法》《广州市创业领军人才创业发展扶持办法》等政策文件。根据文件精神，优先办理高层次人才的入户问题，同时解决配偶就业和子女就学的问题。在住房、购房方面，不同类型的人才按相应的建筑面积标准享受新建商品住宅交易登记均价的 80% 计算的优惠，租房方面提供租房补贴和人才公寓。在科技创新创业人才奖励上，引进创新科研团队分三个层次进行资助，最高资助金额 1 亿元。对创业人员支持上，对创新领军人才给予创新工作专项经费，资助金额为 50 万元，分期拨付给企业，专项用于该领军人才的创新工作。首次拨付资助金额的 40%，后续资金视项目进展情况自获评之日起 3 年内分期拨付。对创业领军人才创办的企业给予最高不超过 500 万元创业项目扶持资金。首次拨付资助金额的 40%，后续资金视项目进展情况自获评之日起 3 年内分期拨付。根据企业的实际需要和自有的物业条件，对创业领军人才创办的企业提供 100~500 平方米建筑面积的工作场所，3 年免收租金；或者提供 3 年租金补贴，每年最高不超过 50 万元。创业领军人才创办企业获得 1 年期以上银行贷款，且未列入其他贴息计划的，给予 50% 的贷款贴息，贴息期不超过 3 年，贴息总额不超过 20 万元。

（五）湖北省海外高层次人才政策

湖北省近年来一直实施科教兴鄂和人才强省战略，人才工作取得明显成效。截至 2014 年初，湖北省共引进"千人计划"175 人，"百人计划"255 人，"3551 计划"581 人，"黄鹤英才计划"68 人，高端人才数量处在全国前列，人才创新能力居中部地区首位。

湖北省已基本形成了基于我国国情的吸引海外人才政策创新体系。以国家级"千人计划"，省级"百人计划""123 企业家培育计划"和市区级计划，如武汉市、襄阳市、宜昌市、东湖高新区分别启动的"黄鹤英才计划""隆中人才支持计划""三峡英才工程""光谷 3551 人才计划"等为代表的引才工程组成了三级引进海外高层及人才的政策体系，形成了上下联动、竞相引才的生动局面。

具体而言，武汉海外高层次人才具有以下特点：

1.发挥引才区位优势

湖北省引进海外高层次人才得天独厚的区位优势体现在3个方面：

（1）地理条件优势

湖北省位于我国中部，长江中游，北靠河南，南接江西、湖南，东邻安徽，西依四川、重庆，西北与陕西接壤，长江、汉水流贯全境。湖北九省通衢，控南北而启东西，是珠三角城市群、长三角城市群、环渤海城市群以及四川盆地城市群的连接地带。

（2）区域发展优势

《中共中央关于制定十一五规划的建议》将区域经济协调发展作为10项发展目标之一，中部地区成为中国经济发展的新增长极。中共中央国务院出台的关于促进中部崛起的若干实施意见明确提出要支持中部地区建设"三个基地和一个枢纽"，即建设"全国重要的粮食生产基地，能源原材料基地，装备制造及高新技术产业基地和综合交通运输枢纽"。党的十七大报告更是再次明确强调了促进中部崛起的战略目标，也提出了更多的具体措施。国家政策指向具有很强的针对性和指导性，为湖北在国家促进中部崛起的大格局中谋篇定位指明了方向。

（3）科教实力优势

湖北人才资源丰富，教育基础扎实，科技实力雄厚。湖北省科研部门、大专院校、科学技术人才比较集中，其中武汉堪称中国第三大科教中心，在全国处于比较突出的地位。如湖北省有普通高等院校85所，近年培养的各类专业技术人员数、大专及以上程度学生数、在校研究生以及博士生的数量、教职工数、科技人员数、研究生培养机构数都位居全国前列，在中部各省之中居于首位，武汉东湖新技术开发区是位居北京中关村之后的中国第二大智力密集区。同时，湖北还有着深厚的文化底蕴，是一个融科技与教育基础优势的科教大省，相对于其他省市而言，湖北的人才培养环境是极其优秀的。

2.引才政策立体多元

为深入实施人才强省战略，加快建设创新型湖北，湖北省系统制定了引才政策。

（1）省市县（区）三级政府都出台了人才计划和引才规定。早在2009年4月湖北省委省政府根据中央关于实施海外高层次人才引进计划的意见和引进海外高层次人才暂行办法等文件精神，出台了《湖北省引进海外高层次人才实施办法》，接着6月又出台了《湖北省关于为引进海外高层次人才提供工作条件和生活待遇的若干规定》《湖北省引进海外高层次创业人才工作细则》《湖北省重点创新项目引进海外高层次人才工作细则》《湖北省重点学科和重点实验室引进海外高层次人才工作细则》。《大型企业和国有金融机构引进人才工作细则》等系列文件。此外，全省各市县（区）也制定了引才计划，如武汉市的"黄鹤英才计划"、襄阳市的"隆中人才支持计划"、黄石市的"东楚英才"计划、宜昌市的"三峡英才工程"、十堰市的"武当人才支持计划"（"5151人才工程"）、孝感市的"槐荫人才"计划等，形成上下联动、竞相引才的局面。

（2）省市县（区）三级政府引才政策的内容系统而又具体，对高层次人才具有明晰性、吸引性。引才政策从引才基本原则、引才基本目标、引才标准、引才程序到工作条件、生活保障等方面做出了明确要求。比如生活保障方面就对引进人才的落户或居留、税收、职称晋升、配偶子女的安置、医疗与社会保险、住房、薪酬等方面都有周密而具体的规定。在高层次人才引进方面，省委省政府善于大胆出新政，舍得重金邀人才。对引进的世界一流创新团队，最高给予2 000万元至1亿元的经费资助，对入选国家"千人计划"的人才给予300万元的配套资金资助，对"3551

光谷人才计划"入选者给予 60 万元到 500 万元的资金支持。

3.引才主体明确

所谓引才主体是指负责引进人才的组织工作和使用人才的部门或个人，它包括引才组织主体、引才用人主体和引才责任主体，湖北省政府关于引进海外高层次人才的文件对引才主体作了明确规定。引才组织主体是省、市、县三级人才办公室和高等学校、科研院所、高新技术开发区。引才用人主体是高等学校、科研院所、重点企业。湖北省政府明确提出光电子技术、新能源、新材料、环保、生物工程、信息科学等，这些支柱产业和战略性新兴产业的企业是引进海外高层次人才的主要用人主体。

引才责任主体是各重点领域人才引进工作的牵头单位，即省重点创新项目人才引进工作由省科技厅牵头；重点学科、重点实验室人才引进工作分别由省教育厅、省科技厅牵头；大中型企业人才引进工作由省国资委牵头；国有商业金融机构人才引进工作由省政府金融办、中国人民银行武汉分行牵头；以高新技术开发区为主的各类园区引进创业人才的工作由省科技厅、省人力资源和社会保障厅牵头。

4.引才平台多元

引才平台是保证海外高层次人才引得进、引得准的重要环节，省委省政府拓宽各种识才引才渠道。

（1）搭建引才信息平台

主要包括编制全省海外高层次人才需求信息，在互联网上进行发布；坚持"以才引才"，充分利用前期回国留学人员与海外高层次人才的各种关系，积极荐才引才；依托人才中介机构的信息优势和渠道优势，开展海外高端人才寻访活动；发挥与高校、科研院所联系紧密的优势，通过专家教授推荐企业需要的高层次人才；建立海外引才工作联络站、办事处，在留学人才密集的国家和地区开设专门窗口，为海外高层次人才来汉工作提供咨询和接洽服务。如湖北省打造的"海外华人华侨回国创业发展洽谈会"（简称"华创会"）这一品牌，每年6月份组织省外办、武汉市政府等单位高规格、高标准、高品位举办"华创会"，并专门设置海外高层次人才创业发展论坛，向海外华侨华人、海外学人宣传推介湖北省的经济社会发展、人才引进政策等方面情况，重点宣传中央"千人计划"和湖北省引进海外高层次人才"百人计划"的有关政策，为省企业、高等院校、科研院所和留学生创业园与海外高层次人才开展交流与合作提供了平台，产生了较大反响，先后有1 300多名海外学子参加"华创会"论坛，签约120多人。

（2）打造人才干事创业平台

省委省政府在搭建引才信息平台的同时，狠抓人才干事创业基地建设，为海外高层次人才创业成就事业提供平台。这些平台为企业引进海外高层次人才、为海外高层次人才成就事业提供了保障。特别要指出的是，全省在符合条件的企业、高等院校、科研机构、重点学科、重点实验室和高新技术开发区建立的24个面向海外高层次人才的创新创业基地，对于集中引进一批优秀海外高层次人才和团队，促进科研管理体制和人才工作机制创新，加速重点领域科技突破和促进高新技术产业发展，推动海外高层次人才引进计划的顺利实施起到了整体推进、全面开花的作用。

（六）浙江省海外高层次人才政策

浙江省海外高层次人才引进工作在国内属于起步早、措施多、成效好的第一阵营，已经逐步形成了海外高层次人才引进工作的系统化、规范化和规模化。2009年浙江省开始实施千人计划，为吸引更多海外高层次人才到浙江创业创新，浙江省海外高层次人才引进工作具有以下特点：

1.注重政策制定

"科技兴则城市兴，科技强则城市强。"依靠智慧和创新驱动是浙江省角力长三角的主旋律。2004年浙江省委省政府颁布《关于大力实施人才强省战略的决定》，积极做好留学和海外高层次人才的引进工作成为人才强省战略的重要方面，政府相继颁布了《浙江省十一五引进国外智力规划》（2006）、《浙江省海外高层次人才引进计划》（2010），实施了"钱江人才计划"（2007）。2009年分别制定了《关于大力实施海外优秀创业创新人才引进计划的意见》《浙江省"海外高层次人才引进计划"暂行办法》。2010年，浙江省出台《浙江省中长期人才发展规划纲要（2010 –2020）》，提出在省级层面力争通过5~10年的时间，引进并重点支持1000名左右能够突破关键技术、发展高新技术产业、带动新兴学科的学科带头人、科技领军人才和高层次创业人才，争取其中300名左右入选国家海外高层次人才引进千人计划。在推进科技创新、转变经济发展方式、实施两创战略的过程中，浙江省需要继续扩大海外高层次人才引进，并充分发挥海外高层次人才的作用，为经济社会发展提供坚实的智力支撑。

2.注重重点领域人才引进工作

从产业领域来看，重点引进信息、环保、健康、高端装备制造等重点产业和生物技术、新能源、新材料等战略性新兴产业领域高层次人才，以及重大创新项目、重点学科、重点实验室等重大研发平台紧缺急需的领军人才。从专业学科来看，继续引进人文社科文化艺术领域、经济金融管理领域紧缺急需高层次人才，主要包括：人文社科、文艺创作、文化创意和文化产业经营管理、现代传媒等专业的领军人才以及经济金融管理、风险投资、国际商贸（包括国际商法、经济学、知识产权保护）等专业高端人才。

3.制定支持政策和相关待遇

在住房方面，按不同层次提供人才专项房，外籍的高层次人才可按规定以家庭为单位在省内行政区域内购买一套自用商品住房。优先办理高层次人才的入户问题，同时解决配偶就业和子女就学的问题。

对于创业科技企业，第一年租金全额补助，第2年至第3年补助房屋租金的70%，单个企业每年最高补助不超过50万元。种子资金采用分期拨款、无偿资助的方式进行扶持，根据项目技术先进性、产业化水平、市场开拓的程度，单个项目按20万元、50万元、80万元3个等次进行资助。项目批准后，拨付60%;项目期满通过验收后，拨付40%;且对于高新成果的产业化进行持续的跟进补助。海外高层次人才在电子信息、生物医药、新材料新能源、装备制造、软件与创意、服务与中介等六大重点创新创业产业设立有限责任公司，如资金困难的，可享受注册资本"零首付"政策，自公司成立之日起两年内缴足注册资本。

三、区域性高校人才政策

作为高层次人才集聚地的高校，高层次人才政策的制定和执行直接影响到其对高层次人才的引入和管理。以下将对部分代表性高校的人才政策予以列举。

（一）北京市属高校

北京市属高等学校高层次人才引进与培养计划由高层次人才引进计划、"长城学者"培养计划、特聘教授计划和青年英才培育计划共4个计划构成。

1.高层次人才引进计划

高层次人才引进计划根据北京市属高等学校事业发展需要，在北京市经济社会发展有重大需求的学科领域，设置引进岗位。

（1）引进条件与标准

①在国内外知名高校、科研院所担任相当于教授职务的专家学者，具有一流的研究水平，在相关领域已取得突出学术成就；

②系北京市科技、产业发展和学科建设急需、紧缺领域的领军人才

或学术技术带头人。

③身体健康，年龄原则上不超过50周岁（两院院士除外）；

④引进后全职在校工作，签订不少于3年的聘任合同。

（2）职责与任务

引进人才应围绕市属高校拟聘岗位需求，承担如下职责任务：

①提出具有战略性、前瞻性、创造性的研究构想，引领本学科在前沿领域赶超或保持国际或国内先进水平；

②积极争取或主持国家及北京市重大科研项目研究，在本学科领域开展原创性、重大理论与实践问题研究和关键领域攻关，力争取得重大标志性成果；

③组建并领导团队建设，积极培育学科领军后备人才，提升团队人才培养、科学研究和社会服务的整体能力。

（3）待遇与保障

在首聘期（一般为3年）内，为引进人才提供如下待遇及保障：年薪30万至50万元（税前），学校可给予额外的配套待遇；提供5000元/月的住房补贴，或提供不低于100平方米周转性住房；根据引进人才的工作需要，分年度为其提供科研经费。

2. "长城学者"培养计划

"长城学者"培养计划，旨在面向国家和首都发展需要，与高校学科专业布局调整相适应，与高校重点学科和新兴交叉学科建设相结合，3年内在北京市属高等学校教师中遴选100名左右品德高尚、勇于实践、敢于探索、富有创新精神的中青年拔尖人才，通过重点培养，使其成长为学科领军人才。

（1）条件与标准

①申请者应具有较高学术造诣，在科学研究方面取得国内外同行公认的重要成就；对本学科建设具有创新性构想和战略性思考，具有带领

本学科在其前沿领域赶超或保持国际先进水平的能力；具有较强的团结协作、拼搏奉献精神和相应的组织、管理、领导能力，善于培养青年人才，注重学术梯队建设，能带领一支创新团队协同攻关。

②须具有博士学位，在教学科研第一线工作。特别突出和紧缺的人才，可适当放宽学历学位要求。

③须具有正高级专业技术职务。

④从事自然科学类研究的申请者须 45 周岁以下（以申请当年 1 月 1 日计算），从事人文社会科学类研究的申请者须 50 周岁以下（以申请当年 1 月 1 日计算），特别突出和紧缺的人才，可适当放宽年龄要求。

（2）待遇与支持

入选"长城学者"培养计划者，分年度给予建设经费资助，自然科学类资助额度为每人每年 100 万元以内，人文、社科和艺术类资助额度为每人每年 30 万元以内；资助周期为 3 年。此外，入选"长城学者"培养计划者可以作为高级访问学者到国外知名高校进行访学或开展合作研究。

3.特聘教授计划

特聘教授岗位一般应设置在国家级及北京市重点学科、重点实验室、工程技术（研究）中心、重大攻关项目，以及北京市经济社会发展有重大需求的学科领域。

（1）入选条件与标准

①学术造诣高深，在本学科领域具有较大影响，取得国内外同行公认的学术成就；

②两院院士、国家重点实验室和工程技术（研究）中心主要负责人、国内外高水平大学学术带头人等高端领军人才；

③聘期为 3 年，聘期内每年在校工作时间应不少于 2 个月。

（2）职责与任务

①对学科建设和学术研究提出创新性、战略性构想，带领本学科在其

前沿领域达到国际或国内先进水平；

②指导省部级及以上重大科研项目研究，讲授本学科核心课程或开设学科前沿领域的讲座，指导博士生、硕士生；

③协助组建并领导团队建设，积极培育学科领军后备人才，提升团队人才培养、科学研究和社会服务的整体能力。

（3）待遇与保障

在聘期内，为特聘教授提供如下待遇及保障：每年在校工作10个月及以上的，享受工作补贴每人每年20万元（税前），不足6个月的，享受工作补贴每人每月2万元（含在岗期间的社会保险等福利），按实际工作时间支付。[①]

（二）山西高校

山西省高校人才政策主要以山西省教育厅出台的政策为主，山西省教育厅出台的人才政策主要包括两个系列：一个系列是人才支持计划政策，包括《高等学校优秀创新团队支持计划实施办法》《高等学校优秀青年学术带头人支持计划实施办法》《高等学校中青年拔尖创新人才支持计划实施办法》；另一个系列是山西省高等学校人文社会科学重点研究积极建设政策。前者针对所有学科，后者只针对人文社会科学学科。

1.人才支持计划政策

（1）高等学校优秀创新团队支持计划实施办法

为进一步加强山西省高校科技创新平台建设，整合优质资源，培育和建设一批优秀创新群体，凝聚和培养一批高水平的研究开发人才队伍，为山西省高等教育的可持续发展奠定良好基础，根据《山西省中长期教育改革和发展纲要》关于实施高等教育质量水平提升工程的要求，山西省教育

---

① 北京市属高等学校高层次人才引进与培养三年行动计划（2013–2015年），引自 http://zhengwu.beijing.gov.cn/ghxx/qtgh/t1241266.htm.

厅制定了"高等学校优秀创新团队支持计划实施办法"，2013年1月1日起实施。

"高等学校优秀创新团队支持计划"（以下简称"团队支持计划"）支持以省部级以上重点学科、重点研究基地为基础，以高层次领军人才为核心，结构合理、优势互补、特色鲜明、竞争有力的研究群体。该计划的支持范围为山西省普通高等学校。已获得过国家自然科学基金委员会、教育部和教育厅资助的团队不再列入本计划的支持范围。

（2）申报优秀创新团队应同时具备的下条件

①具有相对稳定的研究方向。团队是在长期合作基础上自然形成的学术群体，具有良好的合作基础；有3至4个相对稳定、相互关联的研究方向，各方向的带头人具有正高级专业技术职务且主持国家级项目（在研）；承担的课题与研究方向一致。已入选本计划支持的团队研究方向的带头人不得作为新申请团队研究方向的带头人。

②具有明确的发展目标。研究方向属于国家和山西省中长期科技发展规划、哲学社会科学研究规划的主要研究领域和重点研究课题。主要从事对经济发展、社会进步和国家安全具有战略意义的基础性、前瞻性研究，对我省转型跨越发展重大理论问题和实际问题的解决等具有推动作用，能产生良好经济或社会效益的应用研究，所从事的研究具有明确的自主知识产权目标和标志性创新成果计划，有切实可行的研究方案和技术路线。

③具有可依托的高水平科技创新平台。以国家或省部重点学科、重点实验室（包括省部共建）、工程技术研究中心，或教育部、山西省高等学校人文社会科学重点研究开发基地为依托，所在学科点为博士学位授权点。

④具有知名度较高、影响力较大的团队带头人。团队带头人应为人事关系在山西省普通高等学校的科研教学第一线全职人员，年龄一般不超过

55周岁（申请当年1月1日），身体健康。具有良好的思想政治素质、宽广的学术视野、较高的学术造诣、创新性学术思想和较强的组织协调能力；并具备下列条件之一：

● 两院院士，或教育部科技委、社科委委员。

● 国家重点学科首席学科带头人，国家或教育部重点实验室（包括省部共建）、工程研究中心主任，长江学者，教育部人文社会科学重点研究基地首席带头人。

● 主持国家重大科学研究计划项目、国家杰出青年科学基金项目、国家"973"计划项目、国家自然科学基金、"科学支撑计划"或"863"等重点以上项目。

● 获国家科学技术奖，其中一等奖前3名、二等奖第1名。

● 科技成果获发明专利授权，并通过转化和产业化累计为国家创造纯收入500万元以上。

● 主持国家哲学社会科学基金重点以上项目、教育部人文社会科学研究重点以上项目。[①]

2.山西省高等学校人文社会科学重点研究积极建设政策

人文社会科学重点研究基地项目要在凝练研究方向，整合队伍的基础上，围绕重点研究基地中长期建设发展规划申报，并要求特色突出，有预期的标志性成果。基地项目所在高校须根据省教育厅的资助经费额度，按不低于1：1的比例提供配套科研经费。

项目申请人应同时具备以下基本条件：

（1）申请人须为人事关系在山西省普通高等学校科研教学第一线的全职人员。具有良好的政治思想素质和独立开展及组织科研工作的能力，

---

① 吴俊清、张克军、朱红：《高校科技政策体系建设及其实效分析：以山西省为例》，北京：知识产权出版社，2014年。

能担负实质性研究工作。

（2）申请人须为项目的实际主持人，一般项目申请人应具有博士学位或具有硕士学位、中级以上职称，基地项目申请人须具有正高级职称或具有博士学位、副高级职称。承担项目期间将达到国家规定退休年龄的科研人员、申请学校的兼职研究人员不能作为基地项目申请人，但可作为项目组成员参加研究；一般项目申请人年龄不超过 40 周岁。重点支持 35 岁以下具有博士学位的青年教师。

（3）项目组具有一定的研究基础，所在单位能提供相应的研究条件。申请人不得同时主持一项以上或参与两项以上本项目。

（4）项目组主要成员有足够的时间和精力从事申请项目的研究。基地项目申请人及项目组成员每年有充足的时间在基地从事项目研究工作，其中校内专职人员每年不得少于 6 个月，校外专职人员每年不得少于 3 个月，兼职人员每年不得少于 1 个月。

（5）具有博士授予权的高校只能申报一般项目的资助经费项目，各高职高专院校和非省直属高校教师和科技人员只能申报一般项目的自筹经费项目。申报自筹经费项目时，须提供出资证明。

（6）同等条件下，优先支持依托重点学科、人文社科重点研究基地等科技创新平台申请的项目，提倡跨学科、跨院校、跨部门联合申报，发挥群体优势，联合攻关，解决经济和社会发展中的重大理论与现实问题。[①]

（三）湖北高校部分

湖北省委、省政府深入实施人才强省战略，围绕重点产业和新兴产业、新业态发展，大力实施引进海外高层次人才"百人计划"，吸引了一大批海外人才到鄂创新创业，其中的创新人才计划涉及省内高校的高层次人才

---

① 山西省教育厅关于印发《高等学校哲学社会科学研究项目管理办法》的通知. 晋教科〔2012〕8 号。

引进政策。创新人才是指在湖北高校、科研机构和企事业单位从事科学研究、技术创新的海外高层次人才，主要包括科技创新人才、管理创新人才两大类。

1.科技创新人才

（1）一般年龄不超过55周岁（1960年5月1日后出生），在海外取得博士学位（若在国内取得博士学位，需有3年以上海外工作学习经历）。

（2）一般应为在海外知名高校、科研院所担任副教授及以上或相当职务的专家学者，或在国际知名企业、机构担任中高级管理职务的专业技术人才。

（3）具备较高创新能力，研发水平和成果为同行公认，达到国际国内领先水平。

（4）一般应在2012年5月1日后到湖北工作（服务），且2015年6月30日前签订工作（意向）合同，办妥相关引进手续或承诺在合同签订之日起半年内到岗工作。引进后应在鄂连续工作3年以上且每年工作时间不少于6个月。

（5）申报单位应为申报人购买基本社会保险（外籍人士可购买商业保险）。

（6）高校、科研机构和企事业单位申报人专业属于应用科学领域。

2.支持政策及待遇

（1）对"百人计划"创业人才，省级人才专项资金给予一次性100万元的奖励，地方政府相应配套支持；对"百人计划"创新人才和"外专百人"，省级人才专项资金给予一次性50万元的奖励。

（2）对"百人计划"人选人才，授予"湖北省特聘专家"称号，享受相应的工作条件和特定的生活待遇，主要有：优先推荐申报中央"千人计划"；优先推荐参评有关荣誉称号和各类奖励；可根据需要聘请担任有关平台和载体的重要职务；依托省引进人才服务窗口，提供出入境、居留、子女入学、医疗保健等便利服务。

（3）"百人计划"创新人才和"外专百人计划"入选者，须按合同约定，在半年内到岗工作，对不能按期到岗的，将暂缓兑现相关政策待遇，用人单位须说明理由，明确过渡期限（最长不超过6个月）。对过渡期内仍未到岗的，将取消入选资格。

（4）对引进中央"千人计划"（第十一批以后）、湖北省"百人计划"（第六批及以后）创业类人才有突出贡献的单位和个人，经审核认定，给予一定的奖励。

（5）对从湖北申报并入选中央"千人计划"的人才，作为"湖北省特聘专家"的当然人选，享受出入境、居留、子女入学、医疗保健等便利服务。

3.武汉大学高层次人才政策

充分发挥国家"千人计划"、湖北省"百人计划"、长江学者、楚天学者、珞珈学者等人才计划对高层次人才的凝聚作用，不断扩大选才视野，健全高层次人才推荐选拔机制。

（1）杰出人才

①引进条件：现就职于海外著名大学的教授，海外著名研究机构资深研究员，国内两院院士，人文社科领域国内外公认的拔尖人才，国家"千人计划"创新人才入选者以及相应层次者；学术造诣高深，已取得所在学科国际公认的重要成就；具有策划和主持重大科研项目的经验，并取得标志性研究成果，在经济社会发展重大战略问题研究上具备突出的统筹规划能力；对学科建设和科学研究工作有创新性构想，能够引领学科前沿，掌握关键技术，具有凝聚多学科协同攻关，赶超或保持国际领先水平的能力；年龄一般在55周岁以下；聘期内每年在学校工作9个月以上，特殊情况下不少于6个月。

②杰出人才工作职责：讲授本学科核心课程和前沿理论；引领学科发展方向，组织团队协作攻关，并取得国际领先水平的创新性研究成果；根据国家中长期发展规划，积极策划主持国际合作项目、国家重大科研项目以及对经济社会发展有重大影响的前沿课题，并取得重大经济社会效益；积极争取和利用国内外优势资源，带领团队成员与国际知名大学和研究机构开展富有成效的科研合作与交流，在高层次创新型人才培养中做出突出贡献。

③杰出人才待遇：以杰出人才为核心，组建学术团队，选聘工作助手，并以团队形式配套科研启动经费，其中，理工医科资助300万元以上，人文社科资助100万元以上；设岗单位提供必要的实验与办公用房；协商确定薪酬待遇及支付方式，可选择结构工资制、协议工资制等多种薪酬方式，薪酬标准每年60万元至100万元；提供安家费50万元至80万元，其中，国家"千人计划"入选者除享受国家提供的100万元一次性补助外，另享受学校提供的安家费30万元至50万元或160平方米住房一套（全职工作满8年即拥有房屋产权）；妥善安排配偶工作，根据实际情况不能解决配偶工作的，学校提供一次性生活补贴5万至6万元；协助办理子女就学；入选国家或地方政府高层次人才计划者可享受国家或地方政府给予的出入境、税收、子女就学等福利待遇；在岗工作时间不能达到9个月者，根据在岗工作时间确定薪酬，不享受安家费、配偶生活补贴，学校提供每年一次的探亲往返旅费和过渡住房一套（水电、物业费等个人费用自理）。

（2）A类学科带头人

①A类学科带头人引进条件：现就职于海外著名大学的终身教授或特别优秀的副教授，海外著名研究机构研究员，973计划首席科学家，863计划、支撑计划或重大科技专项等国家重大项目负责人，国家自然科学基金委研究群体或教育部创新团队学术带头人，长江学者特聘教授，杰出青年科学

基金获得者，湖北省"百人计划"创新人才入选者，人文社科领域国内外公认的优秀学科领军人才以及相应层次者；已取得国际同行认可的重大科研成果；具有策划和主持国际合作、国家重大科研项目的能力；具有统筹学科发展规划，带领本学科赶超和保持国内外先进水平的能力；年龄一般在50周岁以下，特殊情况不超过55周岁；聘期内每年在学校工作9个月以上。

②A类学科带头人工作职责：讲授本学科核心课程和前沿理论；正确把握学科发展动态，带领团队成员在学科前沿领域取得国内外同行公认的创新性成果；主动申报并承担国际合作或国家重大科研项目以及对国民经济发展有较大影响的前沿课题，并取得显著经济社会效益；积极开展国际合作与交流，培养高层次创新型人才，建设高水平科研团队；具有较强的团结协作、拼搏奉献精神和相应的组织、管理、领导能力，善于培养青年人才，注重学术梯队建设，能带领一支创新团队协同攻关。

③A类学科带头人待遇：以学科带头人为核心，组建学术团队，选聘工作助手；以团队形式配套科研启动经费，其中，理工医科资助100万至300万元，人文社科资助30万至100万元（有条件的单位可根据实际情况给予配套支持）；设岗单位提供必要的实验与办公用房；协商确定薪酬待遇及支付方式，可选择结构工资制、协议工资制等多种薪酬方式，薪酬标准每年20万至60万元；提供安家费30万至50万元，其中湖北省"百人计划"入选者除享受地方政府提供的50万元一次性补助外，享受学校提供的安家费10万至20万元；协助安排配偶工作，根据实际情况不能解决配偶工作的，学校提供一次性生活补贴4万至5万元；协助办理子女就学；入选国家或地方政府高层次人才计划者可享受国家或地方政府给予的出入境、税收、子女就学等相应福利待遇。

（3）B类学科带头人

①B类学科带头人引进条件：现就职于海外知名大学助理教授及以上

职位或其他相应职位者，楚天学者特聘教授，珞珈特聘教授，新世纪优秀人才支持计划入选者以及相应层次者；具有 5 年以上教学科研工作经历，并取得显著成绩；在科学研究方面取得国内外同行公认的重要成就；具有发展潜力，对本学科建设具有创新性构想，具有赶超或保持本领域国际先进水平的能力；自然科学领域原则上 45 周岁以下，人文社科领域原则上 50 周岁以下，特别突出和紧缺的人才，可适当放宽年龄要求；保证聘期内全职在岗工作。

②B 类学科带头人工作职责：讲授本学科核心课程和前沿理论；正确把握本学科的发展方向，提出具有战略性、前瞻性、创造性、可行性的研究课题，力争取得重要标志性成果；在申报和完成国家重大、重点科研项目过程中起核心作用；推动本学科学术梯队建设，促进学科整体水平的提升。

③B 类学科带头人待遇：根据科研工作需要灵活组建学术团队；提供科研启动经费，根据学科发展或科学研究的需要，理工医科资助 50 万至 100 万元，人文社科资助 15 万至 30 万元（有条件的单位可根据实际情况给予配套支持）；提供必要的实验和办公用房；协商确定薪酬待遇及支付方式，可选择结构工资制、协议工资制等多种薪酬方式，薪酬标准每年 10 万至 20 万元（含楚天学者特聘教授、珞珈特聘教授岗位津贴）；提供安家费 20 万至 30 万元；协助安排配偶工作，根据实际情况不能解决配偶工作的，学校提供一次性生活补贴 3 万至 4 万元。

（四）东北大学

东北大学是教育部直属的国家重点大学，是国家首批" 211 工程"和" 985 工程"重点建设的学校，并实现教育部、辽宁省、沈阳市重点共建。东北大学是较早开展人才引进的高等学校，早在 90 年代中期，东北大学就在积极采取各种措施，加强人才引进工作。其高层次人才引进政策的主要内容包括：

1.人才条件

人才主要包括：两院院士，国家"千人计划"入选者，长江学者特聘教授，国家杰出青年基金获得者，国家"青年千人计划"入选者，国家"百篇优秀博士论文奖"获得者，教育部"新世纪优秀人才支持计划"入选者，教学科研急需的高水平外籍教授。其次，引进人才必须有良好的思想品德、创新能力、团队精神、协作意识，专业业务能力强，身体健康。还有，引进院士不受年龄限制，其他人员一般不超过55岁。

2.有关待遇

两院院士：提供必要的科研条件，配备科研助手，并协助组建学术团队；提供不低于2000万元的科研配套经费；提供不低于200万元的住房补贴；配偶随调。

国家"千人计划"长期项目入选者：提供必要的科研条件，配备科研助手，并协助组建学术团队；提供不低于1000万元的科研配套经费；提供80万元的年薪；聘期内学校为其提供相应的租住公寓性住房。

长江学者特聘教授、国家杰出青年基金获得者及相当水平人员：提供必要的科研条件，配备科研助手，并协助组建学术团队；提供不低于500万元的科研配套经费（文、管等学科提供不低于200万元的科研配套经费）；提供不低于120万元的住房补贴；二级教授；配偶随调。

国家"青年千人计划"入选者及相当水平人员：提供必要的科研条件；学校提供不低于50万元的科研配套经费；学校提供不低于50万元的住房补贴。

国家"百篇优秀博士论文奖"获得者、教育部"新世纪优秀人才支持计划"入选者及相当水平人员：提供必要的科研条件；提供不低于60万元的科研配套经费（文、管等学科提供不低于30万元的科研配套经费）；

提供不低于 50 万元的住房补贴。

国家"千人计划"短期项目入选者：提供必要的科研条件；学校提供 7 万元/月人民币的月薪；聘期内，学校为其来校工作期间提供相应的租住公寓性住房或 3000 元/月人民币的租房补贴。

学校长期聘用的外籍教授：一般应为学校教学、科研、学科建设工作急需的，在国外高水平大学或研究机构担任教授或相当职位的人员。学校与其协商确定工资标准，按实际来校工作时间发放，并为其在校工作期间提供相应租住住房或 2000 元/月人民币的租房补贴。

3.组织机构

（1）成立东北大学人才引进工作领导小组（以下简称校领导小组），组长由校长担任，常务副组长由主管人事工作的副校长担任，成员由学校有关职能部门的负责人组成。主要职责是研究制定人才引进工作的政策、规划及年度计划，审定拟引进人才的聘任意见及相关待遇，并对各学院（实验室、中心等）人才引进工作进行考核。校领导小组下设办公室（以下简称人才引进办公室），挂靠在人事处。主要职责是人才引进的具体工作及引进后的协调、服务工作。

（2）各学院（实验室、中心等）成立人才引进工作领导小组，院长（实验室、中心主任）任组长，成员由本部门负责人和基层学术组织负责人组成。主要职责是根据本部门各学科建设与发展的需要，制定人才引进规划、计划及各类人才、各级岗位的基本条件；收集各类人才信息；对拟引进人员的思想品德、创新能力、团队精神、协作意识等进行评价，并提出初步的聘任意见及相关待遇的建议。

（3）各学院（实验室、中心等）成立引进人才学术评价小组（以下简称学术评价小组），成员一般为 5 至 7 人。主要职责是对除两院院士、长江学者特聘教授、国家杰出青年基金获得者等高层次人才之外的拟引进人才进行学术评价。

4.工作程序

各学院（实验室、中心等）首先根据学校的要求和本部门学科建设的需要，制定下一年度人才引进计划，上报人才引进办公室，之后，校领导小组根据学院的计划及学校的整体发展目标研究制定学校人才引进总体计划。各学院（实验室、中心等）通过各种渠道搜集、物色各学科急需的高层次优秀人才，并会同人才引进办公室积极与拟引进人才接触，做好人才引进的相关准备工作。各学院（实验室、中心等）对拟引进人才进行综合考察，并结合拟引进人才的个人要求、预期工作目标、经费使用计划等提出初步的聘任意见及相关待遇的建议，报校人才引进办公室。人才引进办公室将拟引进人才的相关材料提交校领导小组讨论，并确定相关的引进意见，由校长签批后执行，最后人事处负责为引进人才办理来校手续并签订有关协议书，学院（实验室、中心等）和有关部门具体落实相关事宜。

5.考核评价

来校的引进人才应严格履行与学校签订的有关协议。人才引进办公室会同各学院（实验室、中心等）对引进人才（除院士外）进行跟踪考核，对于年度考核不合格或第一聘期未完成聘期工作任务的，将停止享受相应的引进人才待遇，且下一个聘期不得聘任至现级别及以上专业技术岗位。①

四、高层次人才政策评价

无论是国家层面还是区域层面来看，这些政策都聚焦于高层次人才的引进和管理，从政策角度对高层次人才的界定、职责和待遇等予以了明确的规定。体现了国家和各级单位对高层次人才工作的重视。

---

① 节选自 2011 年东北大学《东北大学高层次人才引进工作暂行办法》。

（一）体现对高层次人才工作的重视

1.高层次人才是高校事业发展最重要的战略资源

人才资源是第一资源，以学科带头人为主体的高层次人才是学校教学科研的主力军，是实施人才强校战略、建设国内外知名高水平大学最为关键的基础性、战略性资源。

2.实施高层次人才引进工作刻不容缓

随着国家"千人计划"等十余项政策的实施，面对高校教育事业发展的新要求和国内外高校间激烈的人才竞争，各大高校对高层次人才尤其是一流拔尖人才的缺乏问题日益突出，队伍整体结构有待优化的问题亟待解决，大力引进海内外高层次人才已经成为当前和今后一段时期高校人才工作的重要内容。

（二）政策对高层次人才引进的层次具有相应的界定

1.相关政策中划分了高层次人才的层次

根据国家、省、市相关人才引进的规定，结合高校自身的具体实践，大部分高等学校都对所需引进的高层次人才进行了相应的划分。如武汉大学把引进的高层次人才划分为四个层次：杰出人才、学科带头人（A类、B类）、优秀青年学术骨干和选留博士后和博士。其中杰出人才又分为海外著名大学的教授、海外著名研究机构资深研究员、国内两院院士、人文社科领域国内外公认的拔尖人才、国家"千人计划"创新人才入选者以及相应层次者，这些都代表了行业内具有顶尖水平的人才所属。

对引进的高层次人才进行层次性的划分，能够对所需人才进行更好的定位，明确这些引进的高层次人才应具有的能力，并对其相应的职责和义务给以清晰的解读，从而能根据其能力层次提供相应的待遇，并有效地进行考核和评价。

2.相关政策规定了选用高层次人才具体的标准

（1）明确规定了各级高层次人才选用的指标

在对高层次人才的选用方面，对于年龄、学历、学缘等结构及其思想政治素质和教学科研水平方面有不同程度的规定，如武汉大学的杰出人才必须有高深的学术造诣，具有策划和主持重大科研项目的经验，在经济社会发展重大战略问题研究上具备突出的统筹规划能力，对学科建设和科学研究工作有创新性构想，能够引领学科前沿，掌握关键技术，具有凝聚多学科协同攻关，赶超或保持国际领先水平的能力，年龄在55周岁以下；而对下一层次的 A 类学科带头人的标准略低一些，要求已取得国际同行认可的重大科研成果，具有策划和主持国际合作、国家重大科研项目的能力，具有统筹学科发展规划，带领本学科赶超和保持国内外先进水平的能力，年龄一般在 50 周岁以下，特殊情况不超过 55 周岁。同是该校引进的最高水平的顶尖人才，其区别在于前者更强调已取得成果的验证，后者则强调具备向上一层次发展的潜力和能力，因而其年龄要求上也不尽相同。

相应地，教育部对自然科学类特聘教授的要求是 45 周岁以下，人文社会科学类在 50 周岁以下，具有博士学位，并且保证聘期内每年在受聘高校工作 9 个月以上。特别强调了对教育教学、科学研究水平和能力的要求，例如，要求取得创新性成果，从事过大型科研项目，对学科建设与发展具有战略性构想等，虽然各个具体部门对所需每一级别的高层次人才有着特殊的界定，但总的来看这些指标的提出无一不显示出高层次人才选拔工作的进一步细化的趋势，也进而展现出未来高校人才工作改革的科学化。

（2）对高层次人才聘任工作规范化

从以上国家层次和区域层次的人才政策的比较来看，均体现出各级组织机构从更加广泛的范围吸引选拔高层次人才的意图，从过去主要面向国内开始逐步过渡到面向全世界选用人才，也相应地逐步健全了聘任的各级组织。

　　同样以武汉大学为例，其高层次人才工作的措施明确。①实施高层次人才引进工作责任制。院系以及科研平台、基地的党政主要领导作为本单位高层次人才引进工作的第一责任人，要结合本单位发展的实际需求，在科学制定人才引进计划、全面研究人才引进实施方案的基础上，与学校签订高层次人才队伍建设目标任务书，明确职责和任务，确保引进工作落到实处。②大力推进重要岗位的海内外公开招聘。充分发挥国家"千人计划"、湖北省"百人计划"、长江学者、楚天学者、珞珈学者等人才计划对高层次人才的凝聚作用，不断扩大选才视野，健全高层次人才推荐选拔机制，对有条件的学院院长、重点实验室主任、人文社科重点研究基地负责人等重要岗位的遴选，要进一步加大面向海内外公开招聘的工作力度。③健全高层次人才遴选与考核制度。规范引进程序，完善校内外同行专家学术评价制度，切实发挥学校学术委员会和各单位教授委员会在高层次人才引进中的咨询论证作用；建立以促进绩效提高和专业发展为导向，由品德、知识、能力、业绩等要素构成的高层次人才聘期考核与评价体系。④加强高层次人才后备队伍建设。拓宽与海外联合培养优秀博士生渠道，扩大在站博士后规模，提高海内外知名大学博士毕业生招收比例，从2010年起推行师资博士后制度，教师选留原则上从出站博士后中择优聘用。⑤建设"人才特区"。根据学科发展需要，设立"人才特区"，从管理体制、考核方法、人员聘用、薪酬福利、科研经费使用、研究生招生等方面实行特殊倾斜政策，积极搭建有利于高层次人才引进和培养使用的工作平台。⑥多环节多渠道地加强引进人才工作。建立引进人才信息库，坚持长期跟踪、专人联络、实时更新；注重发挥知名专家、校友在以才引才中的积极作用，充分利用高水平学术会议等契机挖掘引进人选；学校各类外事出访活动必须有明确的引才目标和具体走访任务。⑦设立人才工作业绩奖。强化高层次人才引进工作目标责任制的考核，重点检查各单位高层次人才引进工作的组织领导与具体落实情况，并根据各单位人才培养与引进工作任务完成情况给予业绩奖励。

从以上这些措施可以看出，各级高层次人才的聘用是要经过很多程序来选拔的，整个的聘任过程较为正规，具有较高的公平性和公正性。

（三）对高层次人才的待遇做出了一些规定

高层次人才的特遇是吸引高层次人才到高等学校工作的一个关键因素，当前，高等学校提供给高层次人才的待遇是十分优厚的，国家对于人才队伍建设的资金保障了高层次人才引进的供给，特别是近几年在211工程、985工程中均要求专门设立专项的人才资金用于队伍建设。各高等院校也充分重视对于高层次人才的资金支持。除了在具体标准中界定了给各级高层次人才的薪酬待遇，还在组织政策中对资金来源进行了相应的保障。

例如，武汉大学规定，在"985工程""211工程"等项目建设经费中加大人才引进专项资金比例，形成学校投入、院系配套、社会捐赠多渠道经费投入机制；加大支持力度，为高层次引进人才及团队提供必要的科研启动经费、合理的薪酬福利待遇，努力构建人员、项目、资金等向优秀人才聚集的资源配置模式。①应当说，国家和各高等学校均十分重视对高层次人才的各类支持，除提供较高的薪酬外，还积极为其配备各类科研条件和生活条件，这些措施进一步激发了高层次人才的工作主动性，稳定了人才队伍。

---

① 武汉大学关于加强高层次人才引进工作的若干意见 武大人字［2009］70号．［EQ/BL］http://gk.sgg.whu.edu.cn/lanmu/rssz/gwzs/28.html. 2014-12-16.

（四）明确了高层次人才应尽的义务

1.对高层次人才的考核要求予以界定

当前，国内高校普遍实行了岗位聘任制度，还有很多高校试行了目标管理制。国家对于自身所开展的人才计划也试行目标管理，如"长江学者奖励计划""千人计划"均需要同高等学校签订相应的目标任务书，并报国家备案。

高等学校对于自己引进的人才也制定了部分考核要求，例如，在武汉大学，聘期中期和聘期结束时，单位会根据聘任合同和岗位工作目标及任务书对引进人才的教学、科研、社会服务等各方面情况进行考核。考核程序包括个人总结和单位评审两个阶段，其中单位评审包含以下部分：（1）单位组织教学评价，评价内容包括敬业精神、教学方法、教学内容、教学效果等方面，评价方式采取学生、同行及单位评价相结合；（2）对杰出人才或学科带头人进行校内外同行专家评议，一般由5~7位同领域学术造诣高深的知名专家对被考核人学术科研工作和成果进行评议；（3）召开教授委员会会议，听取个人述职，对教学情况、科研工作进展情况、发表论文水平、申请科研项目情况进行评议；（4）召开专业技术职务分聘任委员会会议，确定考核结果，提出是否续聘的建议；（5）召开单位党政联席会议，提出是否续聘的意见。

可以看出，高等学校在引进高层次人才的同时，越来越重视对于高层次人才来校后的考核，这种考核既是对人才的个人督促，也是评价人才引进工作效果的一种良好方式。

2.制定了相应的奖惩措施

良好的奖惩机制既能够有效地激励高等学校的各二级单位在高层次人才引进工作中的积极性，也能促进引进的高层次人才为高校做出更大的贡献，它是人才考核和评价政策中的重要组成部分。仍以武汉大学为例，经过前述程序的考核合格者可以申请续聘或高聘；考核不合格者不能续聘，可申请转聘其他岗位，或在聘期结束后的 3 个月内办理离校手续。可以说，这些措施既对人才引进这项工作起到了一定的促进作用，也对高层次人才的行为在一定程度上起到了激励或制约的作用，不仅有助于形成良好的竞争机制，也有助于吸引更多更杰出的高层次人才。

（五）现有政策的不足

高校对高层次的人才引进问题是十分重视的，不仅对所需人才层次标准做出了规定，而且为所要引进的高层次人才提供了相当高的待遇，这对于提升我国高等教育的水平和提高我国高等学校的竞争力以及科研能力具有重要的推动作用。但是这些政策措施也存在着不足之处，人才引进是一个庞大的系统工作，特别是当前在高等学校实行岗位聘任制度的基础上，如何结合岗位需求和学科发展需要制定合理的人才引进分类标准，使之更加切合具体部位的人才需要尤为重要。另外，对于提供给引进人才的待遇方面还不能完整地满足高层次人才来校的需求，一些特殊问题，如子女、配偶的问题，对于国外引进人才的国内社会保障问题没有明确的意见；对引进高层次人才的具体程序以及引进形式等问题有待商榷；对于引进高层次人才的跟踪考核和评价政策过于简单，在引进过程中容易导致由于缺乏相应的规定而导致的引进不规范、管理混乱等问题。

第六章 高校高层次人才战略
特点分析

一、高校教育产业基础性分析

教育产业是国民经济和整个社会的重要组成部分，其重要性，恰恰体现在它关系国民经济和社会发展的全局，是整个社会发展的基础，处于重要的战略地位，影响着整个社会的现在与未来。

（一）高校教育产业基础性特征

在社会主义现代化建设中，经济建设是中心，各行各业都要服从和服务于这个中心，教育也不例外。但是，教育对经济建设的服务，主要是通过人才培养和智力支持的方式进行的，有其自身的特殊性。这是其他行业不可比拟、无法替代的。教育在同以科学技术为第一生产力的现代社会的必然联系中获得了生产属性，具有了基础性产业的性质。马克思关于"教育会生产劳动能力"的论断和现代社会经济发展的特点更加明确了我们对教育产业基础性特征的认识。

1. 教育是社会劳动力再生产的手段

教育的主要功能之一，就是生产劳动能力，成为劳动力再生产的重要手段。教育人、训练人正是为了加强、提高和发展人的劳动能力。提高劳动者的劳动素质，将一般的、简单的劳动力造就成为各行各业的专门的劳动力，这是构成社会生产力的第一要素。劳动者素质的高低，不仅决定经济社会的现实水平，同时也影响长远和未来。最终决定一个国家和地区经济与社会发展水平的不是物质资本和物质资源，而是人的能力资源、人的现代意识和掌握文化科学技术的素质。这就要求提高教育存量和人才储备水平，使之与未来的经济社会发展相适应。因此，教育是经济社会存在和发展的基础性产业。

2.教育是把科学技术变为现实生产力的关键因素

科学技术是知识形态的生产力，是潜在的生产力，还不是现实的生产力，要实现潜在生产力向现实生产力的转化，关键的一个环节是使生产者掌握现代科学技术和生产技能，这就需要培养和训练，教育就成为使科学技术由潜在的生产力变为现实生产力的关键因素。也就是说，科学技术是第一生产力，要有教育参与作用其中，要以教育为基础。

3.现代教育还能再生产新的科学技术

特别是高等教育，是科学技术继承、发展、创新的必要条件，能高效率地完成现代科学技术的扩大再生产。因此，发展现代科学技术必须以教育为基础。

4.现代经济发展的特点，决定了教育是基础性产业

现代生产是科学技术的物化，而教育则能生产和创造新的科学技术，这就决定现代经济发展必然是生产、科技、教育三者的紧密结合。只有以教育为基础，实现三者的紧密结合，才能发挥各自的最大作用，从而促进现代社会的快速发展。当代，国内外的一些高校就是教育、科研、生产三结合的综合体，许多有生机的企业、科研单位也是这种结合形式。从这个意义上，我们也可以说教育是基础性产业。[①]

---

① 本文本编委会编《教育经费审拨使用与收费标准管理手册》（第二卷），银声音像出版社，2002，第1146页。

（二）高校教育产业功能性特征

1.教育产业的政治功能

以往人们论及教育的政治功能，多从教育活动中传授统治阶级的政治观点、政治思想，通过教育为社会培养统治人才等角度考虑问题。在一些特定的历史条件下，还把学校片面地理解为阶级斗争的工具、"无产阶级专政的工具"。现代社会对教育的政治功能提出了新的要求。现代社会政治生活的根本特征乃是民主化、法治化，从根本上讲，社会的发展，本身就包括与经济增长相互联系、相互促进的社会公平、公正精神、社会民主政治的发展，而这在很大程度上依赖于全体社会成员整体素质的极大提高。因此，教育肩负着培养公民高度民主的政治意识，公平、公正的社会理想以及团结协作、和谐一致的民众意识，从而促进全体社会成员整体素质的极大提高，促进社会民主政治制度的建立和健全。

2.教育产业的经济功能

从教育对劳动力再生产作用的角度来看。人通过教育获取科学知识、技能，增进能力，由潜在的劳动生产力成为真正的生产力。教育可以提高劳动力的质量，有助于经济的发展。

（1）从教育对提高劳动生产率的作用的角度来看。影响社会劳动生产率的因素有两类，即自然因素和社会因素。其中各种社会因素是主要的，而这诸多社会因素都与教育密不可分。教育是提高劳动生产率的有力杠杆，教育通过自己培养的劳动力在生产领域发挥作用，其结果是大大促进劳动生产率的提高。

（2）从教育与科学技术关系的角度来看。教育与科学技术的关系源远流长，科学技术的发展主要依靠教育。教育的科技作用主要表现在：培养科技人才，提高劳动者素质、传递科学文化知识、促进科学研究。而科学技术恰是发挥教育经济功能的优势所在。现代教育产业不但再生产科学技术，创造新的科学技术，而且还创造新的生产力，现代教育是培养现代生产者的手段，是科学技术转化为生产力的中间环节，是科技第一生产力由"潜在性"变为"现实性"

的前提和条件。只有生产、科技和教育三者的结合才构成现代生产力，而教育是三者的基础要素，是生产力提高与经济发展的源泉。

（3）从教育对促进经济增长和持续发展的作用的角度来看。教育在经济增长中的作用可以归纳为以下几点：第一，它向社会提供一支能在科学上有发现、发明，在生产技术上有创新、变革的科学研究和设计队伍；第二，它向社会提供一支能掌握和运用先进生产方法的技术队伍；第三，它向社会提供一支适应于工业化水平的生产和技术管理人员队伍；第四，它提高全社会的科学技术水平，为新产品的推广使用、为先进科学技术知识的普及与提高准备条件，同时也为今后技术力量的成长提供广阔的基础；第五，它使社会积累起来的科学知识和生产经验得以保存和传播。

（4）教育在保持经济持续增长，有效解决经济发展过程中发生的或可能发生的各种问题上所发挥的重要作用：①我国社会现存的"结构性"就业问题（即伴随着经济增长和产业结构调整过程出现的下岗与空岗的矛盾），要依靠发展教育和调整教育结构来解决；②转变经济增长方式，实现经济可持续发展，依赖于科学技术的发展，依赖于人力资源的最大限度的开发，这就对教育提出了新的要求，教育要培养具有现代化的科学技术知识和科学技术伦理道德的不同层次的人才，并通过他们在社会生产中理性地、正确地将科学技术转化为现实的生产力，从而为经济社会的持续发展发挥作用；③提高我国广大职工的收入水平和提高生产效率，在一定程度上可以通过对教育的投资来实现；④较大幅度地增加教育投资在现阶段固然与维持财政平衡有矛盾，但教育产业化必将缓解这种矛盾并有助于财政收入的增加。[①]

3.教育产业的人口功能

（1）教育人口功能的理论基础是马克思关于社会的"两种生产观"。就人口再生产来讲，它是生活在一定时间、地点下社会总人口繁衍、发展的

---

① 张会军、戎占怀、相力主编：《教育产业化实用全书》，开明出版社，2000年，第44页。

运动过程。从质上看，它可划分为数量再生产和质量再生产，即人口数量不断变化、人口质量日益提高。教育是人口再生产的必要条件，是决定人口再生产的重要因素。它对人口再生产的作用主要体现在质与量两方面，既影响人口数量，又影响人口质量。

（2）教育对控制人口增长的作用。教育与人口生育率密切相关，据有关调查材料，当代人口生育率与国民受教育程度呈反比，但这一现象因国家社会制度、经济发展水平、民族传统等不同而呈现出一定的差异。具体而言，教育在控制人口增长中的作用主要表现在以下几个方面：第一，教育可以改变人们的思想观念，提高人们的科学知识水平，直接影响人们对国家人口政策的理解和接受程度，关系到人们科学生育观的建立，从而降低人口出生率；第二，文化教育水平的提高，使人们有可能根据社会发展的宏观要求及时调节人口数量，尽管这种调节是逐步地从盲目、自发走向自觉；第三，提高教育水平，可改善妇女就业状况，推迟青年婚龄，降低人口出生率；第四，教育可以促进经济这一影响人口再生产的决定性因素的长期稳定发展。

二、高校教育产业化发展

（一）人力资本积累是产业发展的源泉

正如美国经济学家卢卡斯等人建立的强调人力资本因素的新经济增长模型所揭示的，技术进步和知识积累的关键是人力资本。人力资本增值越快，则部门经济产出越快；人力资本增值越大，则部门经济产出越大。人力资本积累不仅具有外部性，而且与人力资本存量成正比。人力资本积累（人力资本增值）是经济得以持续增长的决定性因素和产业发展的真正源泉。

1.人力资本形成路径

根据卢卡斯模型，人力资本的形成有两条途径。一是通过学校教育，模型假定每个生产者除生产外都必须用一定的时间从事人力资本建设，强调了脱离生产活动的学校教育对人力资本形成的作用。这样获得的人力资本，能够产生人力资本的"内部效应"。二是在实践中学习，认为这样也可以形成人力资本，即专业化的人力资本。其具有外部效应，使企业受益。

但是，他又认为专业化人力资本形成的规模和速度，直接取决于社会一般人力资本已达到的水平。在现有人力资本总体水平较低的情况下，利用"干中学"获得的专业化人力资本的水平也不会很高。而且，如果单纯依靠"实践中学习"的方式，专业化人力资本及人力资本总体水平只能以十分缓慢的速度提高，难以适应经济快速发展的需要。只有学校教育才可以形成人力资本生产的规模效应，并突破专业的限制，最有效地提高一般知识水平。不仅如此，如果将"实践中学习"的思想贯穿于学校教育中，也可以通过学校教育形成专业化人力资本。

2.人力资本与经济增长

卢卡斯首先运用动态最优控制论建立了经济增长模型。卢卡斯增长模型的目标是长期（无限期）消费总额极大化。这个模型对传统经济增长理论的发展主要表现在两个方面：一方面，他将经济增长的源泉由外生转化为内生，因而他的增长模型又被称为"内生增长理论"。毫无疑问，认为经济增长的源泉来自于经济系统外部，这是难以令人信服的。卢卡斯将经济增长的源泉归结为人力资本的增长，尽管他没有揭示出人力资本积累的微观原动力，但是，他所指明的方向是富有启发意义的。另一方面，卢卡斯放弃了以往增长理论中资本收益递减的假定，认为资本收益不变（人力资本收益递增，实物资本收益递减，两者相互抵消），这就隐含了一个条件——规模收益递增（假如规模收益不是递增的话，就意味着非资本投入为负的边际生产率，这显然是不可能的），而规模收益递增的前提是：经济是不完全竞争经济。这就比传统经济增长理论更接近经济现实。古典增长理论学家大卫·李嘉图认为，要素收益递减，特别是土地收益递减，人口按马尔萨斯法则增长，将导致生活必需品价格与工资上涨，资本收益下降，并阻碍资本积累。他得出经济发展最终处于停滞的悲观结论。而凯恩斯学派和新古典增长理论都以资本收益递减为理论前提，认为经济长期增长要靠外生的技术进步的带动，一旦没有技术进步，经济发展也将停止。

卢卡斯的增长理论认为，知识积累、技术创新及专业化人力资本不仅能使自身的收益递增，而且还可以使其他投入要素收益递增，从而使经济增长动态化。这明确说明了经济长期增长的原动力。

卢卡斯还以阿罗（K. Arrow）边干边学（Learning – by – doing）模型为蓝本，建立了人力资本积累模型。阿罗于 1962 年提出了边干边学模型，认为技术进步是随全部资本的增长而增长的，也就是说，技术进步也可通过在工作岗位上积累经验而得到。卢卡斯以阿罗模型为基础，认为人力资本也可通过工作而积累，他用模型强调了外部效应对人力资本积累的作用。卢卡斯不仅研究封闭情况下人力资本积累对经济增长的作用，而且把国际贸易引入人力资本积累模型。卢卡斯指出，在开放经济条件下，各国间人力资本禀赋的差异通过国际贸易可能得到强化，并形成专业化生产，从而更有助于人力资本禀赋丰裕国家的经济增长。结果各国的经济发展不仅必然存在差异，而且这种差异有可能进一步扩大，这一结论严厉地批驳了新古典增长理论所持的各国经济发展水平和增长率趋同的观点。[①]

沿着上述思路，卢卡斯于 1989 年的一篇论文，即《资本为什么不从富国流向穷国》进一步证实了他的理论。根据新古典主义的分析假定，若有两个国家以同样的规模收益不变的生产函数来生产同样的商品，相对于产出的资本及劳动投入是同质的。如果这两个国家的人均产值不同，那一定是由于它们的人均资本水平存在差异。进而言之，收益递减的作用便意味着生产率

---

① 沈坤荣著：《体制转型期的中国经济增长：实证检验与分析》，南京：南京大学出版社，1999 年，第 125 页。

低即较穷的国家亦即广大发展中国家的资本边际产品较高。这样的话，假定资本品的贸易是自由的、富有竞争性的，那么新增投资将只会出现在穷国，即发展中国家，而且这种情况将一直持续到两国间的资本——劳动比率相等进而工资与资本收益也均等为止。然而，经济发展的现实却是资本本来就十分短缺的发展中国家，其自由的资本却大量地流入到发达国家的市场中去，而发达国家的富余资本在 60 年代与 70 年代却只重点限于在发达国家之间进行流动。这种资本流动现象的出现在现代经济发展理论中引起了强烈的反响，并导致了许多学者对这一问题的研究。世界银行在《1991 年的世界发展报告》中专门讨论了发展中国家的资本倒流问题，并分析了资本倒流的成因、对经济发展的影响以及相应的发展对策。卢卡斯从理论上分析了"资本倒流"这种经济现象得以出现的原因，指出发展中国家与发达国家存在着人力资本的差异、人力资本的外部收益不一、资本市场间的不同及政治方面的风险是造成这种现象的根由所在。

人力资本理论，特别是以卢卡斯等为代表的新经济增长理论所揭示的原理，对于解决发展中国家的经济发展问题，具有启发性意义：

（1）发展中国家要吸引国际资本，必须实行大力提高人力资本积累率的政策。在国际贸易方面，应集中有限的资源生产和出口具有人力资本优势的产品。同时，扩大经济的开放度，引进外国的高新技术产品，通过直接操作新机器或消费高技术产品，在实践中积累经验，掌握先进技术，从而提高发展中国家的劳动力素质并使其转化为人力资本进而使发展中国家更快地实现经济发展，缩小与发达国家的经济差距。

（2）卢卡斯关于国民经济增长分析方法，也适用于对一国内部各地区的经济增长的分析：在地区经济增长中，劳动力的质量比劳动力的数量更重要，如果缺乏对人力资本的投资，就很难获得高素质的劳动者，因而也就难以获得物质资本的高收益。尽管一国内部的劳动力流动或者技术人才的分配要比国际间的流动容易得多，但是，高素质的人才向贫困地区的自发流动或人为分配无论如何是有限的。这种流动和分配最多只能部分地解决一个地区对于某些管理人员和技术人才的需要，而不可能在较大程度上提高该地区劳动者的素质。因此，要不断提高该地区劳动者的素质，就必须大力发展教育。

（二）高校教育战略格局

我们的高校教育不仅是一项提供文明教化的事业，而且还是一项能够促进社会经济增长的新型产业和一种可带来巨大回报的投资行为。高校作为拥有最多数量和最高质量的人力资本存量的组织，其产业化发展带来的部门经济产出规模巨大，无疑为处于经济低迷阶段的中国经济获得持续发展动力提供支持。

从教育产业化的视角来看，当前，我国教育形成三个层次的战略格局：第一层次是基础性义务教育，它们是教育产业的基础结构，主要由国家的力量来实施；第二层次是职业教育和普通高等教育，它们是教育产业的中坚力量，在国家优惠政策和良好的法律环境下，面向经济建设主战场，依靠市场机制向前发展；第三层次是重点研究型和重点教学研究型大学及其研究院所，它们是教育产业最具潜力的增长点，是民族振兴的创新源泉，在宏观上需要国家力量强力推动，在微观上它们结合经济和社会需要，致力于成为经济和社会发展的发动机，同时，它们也在市场力量的作用下不断发展壮大。[1]

本文所研究的高校高层次人才政策的研究对象也正是处于第二和第三层次的高等教育院校，尤其是吸引更多高层次人才的重点研究型和重点教学研究型大学及其研究院所，将其高层次人才政策置于战略地位，有利于增加这部分组织机构的人力资本存量和积累，从而推动高校教育产业化发展，进而为国家经济社会发展提供持久的影响力和力量源泉。而这也正是高校进行高

---

[1] 王国政主编：《知识经济时代——中国怎么办》，江西：江西科学技术出版社，1999年，第88页。

层次人才管理战略研究的必要性和紧迫性所在。

1.高校相关数据分析

表 6-1 高等教育学校（机构）数

地区	普通高校				成人高等学校		民办的其他高等教育机构
	合计	其中：中央部门	本科院校	高职（专科）院校	合计	其中：中央部门	
总　计	2491	113	1170	1321	297	13	802
北京	89	35	63	26	24	8	69
天津	55	3	29	26	14		
河北	118	4	57	61	7	1	36
山西	78		29	49	12		49
内蒙古	49		15	34	2		
辽宁	115	5	63	52	20	2	70
吉林	58	2	37	21	14		14
黑龙江	80	3	37	43	22		36
上海	68	10	36	32	15		219
江苏	156	10	74	82	9	1	
浙江	102	2	56	46	9		22
安徽	117	2	44	73	6		7
福建	87	2	32	55	3		
江西	92		40	52	8		23
山东	139	2	63	76	11		91
河南	127	1	50	77	13		50
湖北	123	8	67	56	14		19
湖南	122	3	47	75	12		13
广东	138	4	58	80	15		31
广西	70		32	38	6		
海南	17		6	11	1		
重庆	63	2	24	39	4		7
四川	103	6	48	55	18	1	16
贵州	52		26	26	4		
云南	67		29	38	2		
西藏	6		3	3			
陕西	92	6	54	38	16		
甘肃	42	2	21	21	6		30
青海	9		4	5	2		
宁夏	16	1	8	8	1		
新疆	41		18	23	7		

数据来源：中华人民共和国教育部 2013 年教育统计数据①

---

① http：//www.moe.gov.cn/publicfiles/business/htmlfiles/moe/s8494/201412/181729.html.

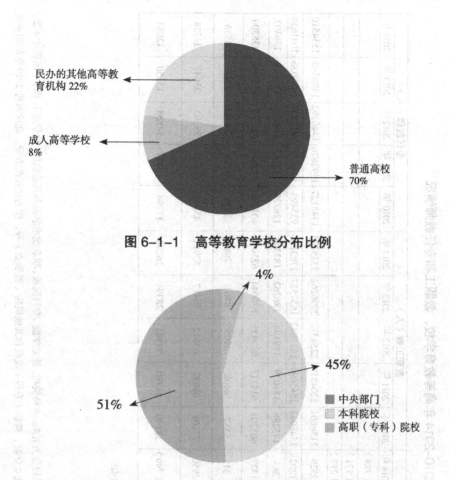

图 6-1-1　高等教育学校分布比例

图 6-1-2　普通高校构成情况

　　据教育部 2013 年教育统计数据显示，如表 6-1 所示，我国高等教育学校数高达 3590 所，普通高校有 2491 所，成人高等学校 297 所，民办高校 802 所。如图 6-1-1 和 6-1-2 所示，普通高校占据最大的比例 70%，拥有最好的教育资源的中央部门普通高校仅占 4%，高层次人才聚集更多的中央部门普通高校和本科普通高校共占普通高校的比例达到 49%。而从地区分布的数据来看，北京、上海、江苏是拥有中央部门院校最多的地区，湖北次之，其余经济较发达省份的普通高校数量也较为集中。

表6-2 2010-2014年高等教育学校、教职工和专任教师情况①

项目	学校数（所）					教职工数（人）					专任教师（人）				
	2010年	2011年	2012年	2013年	2014年	2010年	2011年	2012年	2013年	2014年	2010年	2011年	2012年	2013年	2014年
研究生培养机构	(797)	(755)	(811)	(830)	(788)										
普通高校	(481)	(481)	(534)	(548)	(571)										
科研机构	(316)	(274)	(277)	(282)	(217)										
普通高等学校	2358	2409	2442	2491	2529	2156601	2204819	2254372	2296262	2335723	1343127	1392676	1440292	1496865	1534510
本科院校	1112	1129	1145	1170	1202	1548043	1585694	1627642	1657517	1703121	935493	976937	1013957	1055036	1091654
独立学院	323	309	303	292	283	175288	181039	189194	186262	183308	126720	132733	139657	138815	136303
高职（专科）院校	1246	1280	1297	1321	1327	603201	614717	622425	630044	625017	404098	412624	423381	436561	438300
其他普通高等教育机构	(56)	(47)	(36)	33	31	5357	4408	4305	8701	7585	3536	3115	2954	5268	4556
成人高等学校	365	353	348	297	2950	77108	69032	65612	56417	52921	45887	40903	39393	33647	31538
民办的其他高等教育机构	(836)	(830)	(823)	(802)	(799)	38140	34780	31941	28394	26290	17794	16107	14868	13350	12083

数据来源：《中国统计年鉴》2011-2015年

① 注：《中国统计年鉴2011》中，普通高等学校分为五类：本科院校、独立学院、专科院校、职业技术学院和其他机构（教学点），而《中国统计年鉴》从2012年起普通高等学校分为四类：本科院校、独立学院、高职（专科）院校和其他机构（教学点）等，作为比较的方便，此次未将2010年的职业技术学院列入数据比较。

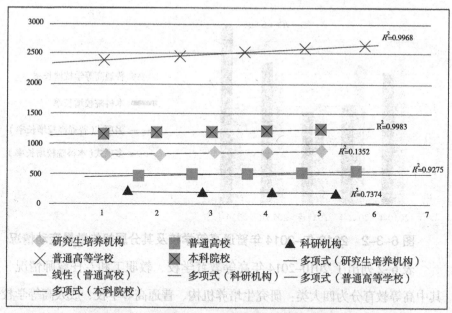

图6-2　2010-2014年研究生培养机构和普通高等学校数量变化

表6-3　2010-2014年主要机构数量的变化率

	2010年	2011年	2012年	2013年	2014年
研究生培养机构增长率	0.13	-5.27	7.42	2.34	-5.06
普通高校增长率	0	0	11.02	2.62	4.20
科研机构增长率	0.32	-13.29	1.095	1.81	-23.05
普通高等学校增长率	2.30	2.16	1.37	2.01	1.53
本科院校增长率	2.02	1.53	1.42	2.18	2.74

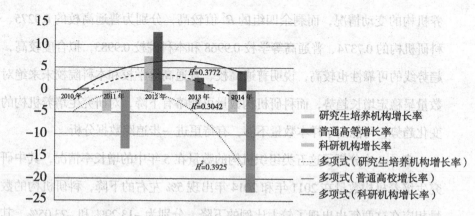

图6-3-1　2010年-2014年研究生培养机构及其分属机构数量变动情况

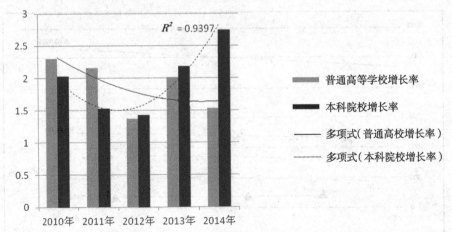

图6-3-2 2010年–2014年普通高等学校及其分属机构数量变动情况

表6-2列出了2010–2014年高等教育学校、教职工和专任教师情况，其中高等教育分为四大类：研究生培养机构、普通高等学校、成人高等学校和民办的其他高等教育机构。研究生培养机构分为普通高校和科研机构，普通高等学校分为四大类：本科院校、独立学院、高职（专科）院校和其他普通高教机构。由于高校的高层次人才主要分布于研究生培养机构和普通高等学校中的本科院校，因此图6-3-2在散点图中分析了2010–2014年5年间研究生培养机构等五种类型组织的数量变化情况，其中研究生培养机构的 R^2 值最低，为0.1352，拟合程度不高，表明该趋势线不能较好地表现研究生培养机构的变动情况，而剩余四组的 R^2 值较高，分别为普通高校的0.9275、科研机构的0.7374、普通高等学校0.9968和本科院校0.9983，拟合度较高，趋势线的可靠性也较高，说明普通高校、普通高等学校和本科院校未来绝对数量呈稳定增长趋势，而科研机构数量可能略有下降，对研究生培养机构的变化趋势，可能由于样本数量不够，有待更进一步追踪数据分析。

表6-3中分析了这五类组织机构的数量在5年中的增长率情况，其中研究生培养机构数量在2011年和2014年出现5%左右的下降，科研机构的数量相应在这两年也出现了较大比例的下降，分别为–13.29%和–23.05%，其

余年份变动不大，其原因可能是与 2011 年出现的高校招生制度改革和 2014
年进行的高等教育综合改革事件相关。这两个年度重要的高等教育改革事件
使得研究生培养机构的结构出现了较大的调整，普通高校数量在研究生培养
机构中增加的幅度在稳步提高，而科研机构则增幅放缓，趋于减少，这也正
符合图 6-3-2 的趋势线的推论。图 6-3-1 分析了 5 年间研究生培养机构及
其分属机构数量变动情况，但 R^2 值均不高，仅 0.3 左右，说明拟合度不高，
趋势线不可靠。普通高等学校和下属的本科院校数量增加的比例在 5 年间分
别保持平均 1.87% 和 1.98% 的增长率，本科院校的 R^2 值为 0.9397，拟合度
较高，趋势线较为可靠，表明未来本科院校数量增加的速度还会进一步提高。

表 6-4 2010-2014 年普通高等学校教职工数变动情况

	2010 年	2011 年	2012 年	2013 年	2014 年
普通高等学校教职工数	2156601	2204819	2254372	2296262	2335723
普通高等学校教职工数五年增长率（%）	2.14	2.24	2.25	1.86	1.72
本科院校教职工数	1548043	1585694	1627642	1657517	1703121
本科院校教职工数五年增长率（%）	2.38	2.43	2.65	1.84	2.75

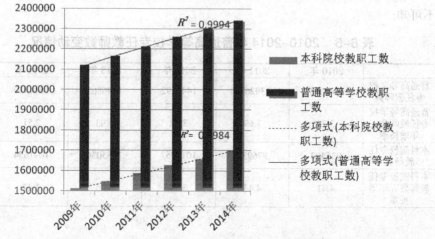

图 6-4-1 2010-2014 年普通高等学校教职工数变动情况

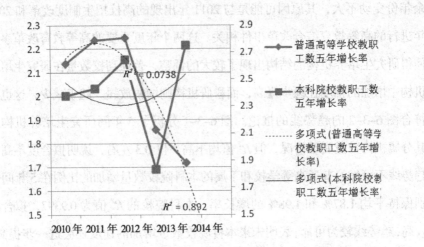

图 6-4-2　2010–2014 年普通高等学校教职工数增长率

表 6-4 表示 2010–2014 年普通高等学校及其本科院校的教职工数量变动情况,这两个组织类型的教职工绝对数量都在持续增加,如图 6-4-1 所示,R^2 值较高,表明数据拟合度高,趋势线可靠,因此教职工数量未来随着高校改革进程的深入还会增加,但其增加幅度不会太大,如图 6-4-2 所示,普通高等学校的教职工数 5 年增长率 R^2 值为 0.892,趋势线可靠,意味着下一周期可能会下降,而本科院校的教职工数增长率趋势因 R^2 值太小,不可知。

表 6-5　2010–2014 年普通高等学校专任教师数变动情况

	2010 年	2011 年	2012 年	2013 年	2014 年
普通高等学校专任教师数	1343127	1392676	1440292	1496865	1534510
普通高等学校专任教师数五年增长率	3.70	3.69	3.42	3.93	2.51
本科院校专任教师数	935493	976937	1013957	1055036	1091654
本科院校专任教师数五年增长率	4.41	4.43	3.79	4.05	3.47

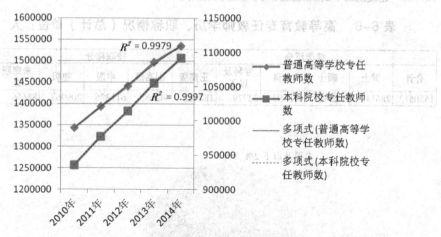

图6-5-1 2010-2014年普通高等学校及其本科院校专任教师数量变动情况

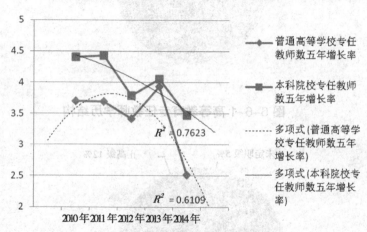

图6-5-2 2010-2014年普通高等学校及其本科院校专任教师数量增长率情况

表6-5分析了2010-2014年普通高等学校专任教师数的变动情况,从绝对数量上来看,专任教师的数量在五年间都是保持稳定增加的,图6-5-1中的 R^2 值都较高,说明趋势线可靠,因此未来专任教师的数量都会继续增加,而对于5年增长率的图形分析如图6-5-2所示,其增长率可能会在下一周期出现下降。因此,总的来看,普通高等学校及其所属本科院校的专任教师数量未来可能会继续增加,但增幅可能会放缓,这也是与高校相关改革政策有关的。

表 6-6　高等教育专任教师学历、职称情况（总计）单位：人

合计	按学历分				按职称分				
	博士	硕士	本科	专科及以下	正高级	副高级	中级	初级	未定职级
1530512	286148	542792	678793	22779	182982	442685	611226	209963	83656

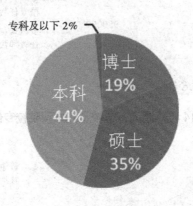

图 6-6-1 高等教育专任教师学历结构

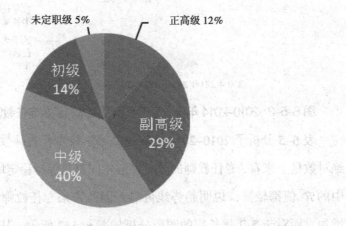

图 6-6-2 高等教育专任教师职称结构

表 6-6 列举了目前高等教育专任教师的学历结构和职称结构情况，其中如图 6-6-1 所示，高等教育专任教师中，大部分教师具备本科和硕士学历，而

具备博士学历的仅占 19%，学历层次有待提高。如图 6-6-2 所示，具有中级职称的高等教育教师占有最大的比例 40%，其次是副高级 29%，正高仅 12%。

2. 2003-2014 年教育业就业及工资总额变动情况

表 6-7 2003-2014 年教育业城镇单位就业人员数（年底数）

单位：万人

年份	2003	2004	2005	2006	2007	2008	2009	2010	2011	2012	2013	2014
人数合计	10969.7	11098.9	11404	11713.2	12024.4	12192.5	12573	13051.5	14413.3	15236.4	18108.4	18277.8
教育业就业人数	1442.8	1466.8	1483.2	1504.4	1520.9	1534	1550.4	1581.8	1617.8	1653.4	1687.2	1727.3
占比(%)	13.15	13.15	13.15	13.15	13.15	13.15	13.15	13.15	13.15	13.15	13.15	13.15

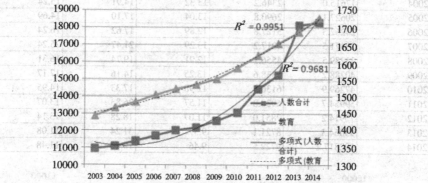

图 6-7-1　2003-2014 年城镇单位就业总数与教育业就业总数对比

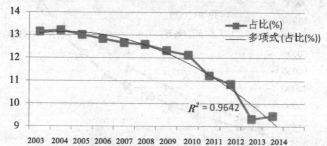

图 6-7-2　2003-2014 年教育业就业人数占城镇总就业人数比重

如表 6-7 和图 6-7-1 所示，从 2003-2014 年，教育业就业人员数和城镇就业人数逐年呈上升趋势,R^2值较大,趋势线可靠,从趋势线上可以看出,两者在未来都会进一步增加,但教育业就业人数曲线较为平缓,而城镇就业人数曲线更为陡峭,可见教育业的就业人数增长并不迅速,这可能与教育业的发展特征相关,也可能是教育行业与城镇的其他行业相比吸引力并不足够大,这些原因有待进一步研究。但图6-4-1显示了在这一期间,教育业就业人数占城镇总就业人数的比重在逐年下降,由最高的13.22%下降至2014年的9.45%,R^2值为0.9642,说明趋势线可靠,趋势线是下滑趋势,表明教育业对人员的就业吸引力在下降。

表6-8　2003-2014年按行业分城镇单位就业人员工资总额

单位：亿元

年份	合计	教育	占比(%)	合计增长率	教育业增长率
2003	15329.6	2035.9	13.28	0	0
2004	17615.0	2346.2	13.32	14.91	15.24
2005	20627.1	2690.8	13.04	17.10	14.69
2006	24262.3	3127.8	12.89	17.62	16.24
2007	29471.5	3917.2	13.29	21.47	25.24
2008	35289.5	4556.1	12.91	19.74	16.31
2009	40288.2	5338.6	13.25	14.16	17.17
2010	47269.9	6136.5	12.98	17.33	14.95
2011	59954.7	6938.8	11.57	26.83	13.07
2012	70914.2	7851.0	11.07	18.28	13.14
2013	93064.3	8721.1	9.37	31.24	11.08
2014	102817.2	9722.5	9.46	10.48	11.48

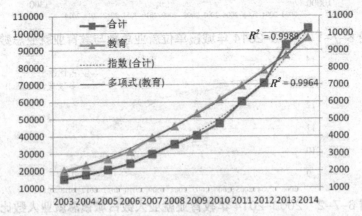

图6-8-1　2003-2014年城镇就业人员工资总额与教育业工资总额对比

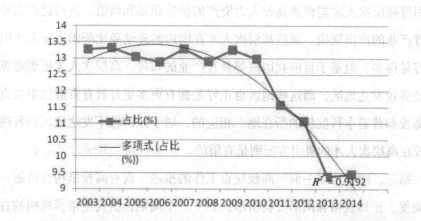

图 6-8-2 2003-2014 年教育业工资总额占城镇就业人员工资总额比例

表 6-8 分析了按行业划分教育业工资总额和城镇就业人员工资总额的关系，包括各自数额、比重和增长率。其中图 6-8-1 对城镇就业人员工资总额与教育业工资总额进行对比，发现两者均呈上升趋势，R^2 值较高，趋势线可靠，意味着未来工资总额还会进一步增加。而图 6-8-2 分析了教育业工资总额占城镇就业人员工资总额比例，R^2 值较高，表明教育业工资总额占城镇就业人员工资总额的比重会进一步下降，意味着教育业工资增资幅度不如城镇其他行业工资的增资幅度。综合以上表格和图形的分析，我们可以得出以下结论：

第一，高校教育产业功能有待进一步开发。前文提到高校作为教育产业具有基础性和功能性特征，尤其是其经济功能上，能促进经济增长和持续发展，这也依赖于高校人力资源的最大限度的开发。高校高层次人才的引进和管理工作是高校产业化发展中面临的重要问题，最大限度地开发这部分人才资源能为处于困境的中国经济予以一针强心剂，这也正是本文研究的重要意义所在。

第二，高校人才引进中，质量远比数量重要。正如卢卡斯的人力资本模型所揭示的，技术进步和知识积累的关键是人力资本。人力资本增值越快，则部门经济产出越快；人力资本增值越大，则部门经济产出越大。高校引进高层次人才能促进高校人力资产的快速积累和增值，进而提高高校教育产业的产出规模。虽然高层次人才在国内的流动要比跨国进行人才引进容易得多，但基于目前我国高等教育产业的布局，高层次人才更愿意流向经济较发达地区，而这些地区也正好是拥有更多更好教育资源的中央直属高校和普通本科院校的所在地。相应的，居于经济较不发达地区的普通高校在高层次人才的吸引方面则是有限的。

第三，随着"双一流"高校建设工作的推进，现有高校结构有待进一步调整。正如表格和图形分析所示，在下一个周期，研究生培养机构的普通高等学校和本科院校绝对数量呈稳定增长趋势，而科研机构数量可能略有下降。同时，我们可以看到，目前高等教育的教职工和专任教师的人数在绝对数量上会持续增加，但增幅会放缓甚至减少，而从专任教师的学历和职称结构上来看，学历层次并不高，较大比例的专任教师仅有本科和硕士学历，拥有副高及以上职称的专任教师比例也不高。因此，在国家高校建设可能会更偏向于研究生培养的普通高校和本科院校的情况下，此类高校对教师的组成结构的需求上会更多地倾向于引入具有高学历、高职称背景的高层次人才，其对高层次人才的需求也更为迫切和显著，在高校教职工和专任教师员额增幅放缓的条件下，高层次人才的质量比数量更为重要。这也为高校引进高层次人才所设门槛提出新的要求。

第四，教育业作为产业化发展亟需从工资待遇等方面提高其吸引力。在对教育业与城镇就业的其他行业人数的比较中，可以看到教育业就业人数虽然随着城镇就业人数的增加而增加，但其相对比重却在下降，同时，教育业的工资总额虽呈上升趋势，但在其占城镇就业工资总额的比例来看却是下降的趋势，这些都意味着教育业对于人才的吸引力并不大，这可能是与其工资待遇不高相关。这些相关性有待进一步分析，但总的来看，这是高校对高层次人才的引入和管理工作中不可忽视的重要因素。

第七章　构建高校高层次人才管理战略

一、建立高校高层次人才管理战略纲领

（一）人才理念创新

不同的组织对人才管理理念和由此带来的组织绩效提高所应进行的投入各有不同。高校教育产业化发展需要通过人才理念的创新，从而形成新型的人才驱动型文化，这种高层次人才驱动型发展是基于高校这个组织的价值、任务和战略而有不同的表现，但很难改变既有的结构、传统和过去的惯例。而对于面临"双一流"建设目标而持续进行建设改革的广大高校而言，以持久的高层次人才驱动实践来促进高校的有效率发展，这一过程可能保持较长的时间并且过程会很艰巨，因此人才管理理念创新是首要措施。

1.了解高层次人才的特点

高校建设离不开人才资产的贡献，其中，高层次人才又是人才中的佼佼者，对高校有着不可替代的作用，是高校在众多类型高校中脱颖而出的有力武器。高校的管理者要想在高校中建立起一支高素质、高水平的人才队伍，了解高层次人才的特点是第一步。

前文对高层次人才的概念已有了清楚的界定，各大高校也通过出台各项人才引进的政策对所需高层次人才规定了明确的范围。但对于高层次人才到底应具备哪些特点，各方高校对于建立高层次人才驱动型高校的理念是否认同，仍需进一步对高层次人才予以认定。

（1）高层次人才的特点

①过硬的专业能力。高层次人才必须是某一方面的专家，具有过硬的技术或者业务能力，能够及时发现并妥善解决实际工作中遇到的各种问题。没有过硬的专业技能的人对组织并无太多贡献。

②组织规划能力。真正的人才，还要能够从宏观大局出发，站在战略的高度对所在团队进行任务分配、各级关系协调、设置工作流程等，这都需要高标准的组织规划能力。各大高校亟需的学术带头人、领军人物等就是这样一类人才。

③信息收集与分析能力。要时刻关注学科发展动向，善于从那毫不起眼的信息中发现价值，并对搜集到的信息进行分析和处理，把有价值的信息转化为生产力，提高学术科研产出。国家"特支计划""千人计划"等重点培养的对象无不具有这样的能力。

④沟通与表达能力。要懂得如何高效地传递信息、表达自己的思想，能够与上下级进行有效的交流和沟通。优秀的高层次人才大都在各自领域已经获得一定的成就，或担任一定的职务，具有良好的沟通与表达能力也是其顺利带领团队完成科研任务的必备条件。

（2）了解高层次人才的需要

高层次人才对于高校的重要性是不言而喻的。但是高校的人力资源管理者应该认识到，在现在的人才市场上，了解他们在人才流动中最看重的需求是有效地吸引这些高层次人才的重要举措。只有了解高层次人才的需要，才能投其所好，给予高层次人才具有吸引力的待遇，把更多的人才收入麾下，为高校效力。

一般来说，高层次人才由于能力超群，能够为高校创造巨大的价值，在人才市场上通常供不应求。因此，他们并不担心工作机会，关注点也不只在于优厚的薪酬待遇，而是侧重更广阔的发展平台、更人性化的工作环境、更具挑战的机会以及更充分的自主权。当然，还有一些高层次人才会关注自身的兴趣，希望从事自己热爱的事业等。

（3）明确高校对高层次人才的需求

除了了解高层次人才的需要，高校的人力资源管理者还要对高校组织现状进行分析，明确高校对高层次人才的需求状况。

首先，高校的人力资源管理者应该明确高校短期的发展目标和重要科研项目的任职要求，据此来决定需要具有什么素质和能力的高层次人才。

其次，在引进高层次人才之前，高校的人力资源管理者还应衡量高校是否能够为高层次人才提供有利于他们发挥才能的平台，能否把他们留住。如果高校拥有新颖而具有吸引力的理念或者具有广大发展前景的科研方向，吸引高层次人才加入的机会就更大。

最后，还要考虑高校的承受能力。这主要是指高校能否承受为招揽高层次人才所付出的高成本，以及一旦失败有可能会带来的高风险。为了应对这种潜在的风险，高校的人力资源管理者要建立一个风险防范系统，避免由于高层次人才的流失而给高校组织带来打击和损失。

2.构建人才接受度模型

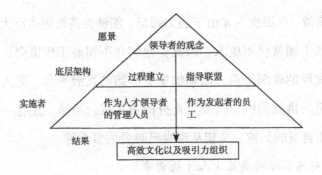

图 7-1 人才接受度模型

根据人才接受度模型所示，高校领导者的人才观是形成对于高层次人才具有较大吸引力的高绩效文化组织的首要条件。如果顶层的领导者不支持高层次人才政策，相应的高校变革是不可能发生的。高校领导提供人才管理的观念和方向，但底层架构则需要同时向不同水平的文化进行改变，这是高校高层次人才管理战略的具体构建过程，包括对于高层次人才的管理流程、高校职位的规划、胜任力发展、招聘、入职等一系列的实践活动。当然在这一流程建设过程中还需要加入进一步的人力技术，高校的人力资源管理者也必须理解和支持领导者的意图。指导联盟就代表了组织承诺的升级，通过流程的建设推动组织变革。随着模型的向下推动，进入实施者这一层级，意味着前述进行的人才实践活动已经得到了高校领导的支持；形成了有效的人才流程；高校组织内部渗透了新的观念和行为；各级院系行政单位的负责人也意识到了他们是高校进行高层次人才战略的关键环节，即招聘、激发、发展和保留高层次人才的重要执行者。当然这一环节也需要较长的时间来完成。随后，高层次人才自身将承担主导和进行自身职业发展的责任，高校组织则承担提供高层次人才自我发展的环境和条件，最终使得整个高校组织经过整个模型的变革后完成高校的高绩效建设。

（1）高校领导的人才观

①爱才之心。优秀的领导者必须爱才，因为即使你是一位天才，你也不可能掌握当今大生产、大经济的一切知识，了解那么复杂多变的情况，统揽各种巨细事务，直接组织成千上万的群众。如果你手下没有几个卓有才华的干将，没有一大批各类专业的人才，正像我国格言所指出的那样：孤掌难鸣。

《说苑》中记载这样一个故事：一天，赵简子乘船游玩触景生情，十分感叹地说："我身为国王，为什么得不到一个有才华的贤士呢？"船夫古舟慌忙回答："大王，金银财宝并没长腿却聚集到你的身边，那是因为你喜欢的缘故；长着两腿的贤士不愿到你这来，那是因为你不喜欢他们。"领导者要发现人才，选拔人才，首先要喜欢人才，也就是要有爱才之心。领导者爱什么样的人，什么人就会聚集到领导者的身边。领导者爱贤才，贤才即至，领导者爱庸才，身边自然庸才居多。领导者爱奴才，那么阿谀奉承、百依百顺，投其所好者会统统围拢过来。《资治通鉴》记载，善于用兵的吕蒙，因计破关羽，收复荆州而受到孙权封赏。吕蒙没赶上受封就发病了，孙权把他接到自己的馆舍，进行治疗、护理。孙权想经常看看他的脸色，又怕他为了迎接自己而受劳累，就把墙壁穿个小洞常来观看。见他稍能吃点饭食，就高兴地回过头来跟左右侍臣谈笑，见病情加重，就发愁、哀叹，晚上睡不着觉。吕蒙病中一度好转，孙权为之颁布奖令，群臣祝贺。不久，42岁的吕蒙去世了，孙权悲痛欲绝。

纵观历史，领导者只有爱惜人才，才能得到人才。正如古人所言："爱才，才则至；毁才，才去也。"

②求才之渴。要发现人才、选拔人才，必有思才若渴之心，只有这样才能认真、及时寻找人才。从人才个体看，恃才自傲是普遍存在的现象。既是人才，自有其独特个性，不会轻易随和，不会趋炎附势，"此处不留爷，

自有留爷处"。有的甚至正因为你现在身居要位，为避免阿谀之嫌，反而敬而远之。虽然这些不见得都是一种美德，但是必须承认它是客观存在的事实。因此，领导者若无求才之渴，人才是不会自动来到身边的。《三国演义》中，刘备"三顾茅庐"就是领导者具有求才若渴的最好典故。当年诸葛亮不过是个27岁的青年，虽有雄才大略，但隐居在卧龙岗上，刘备已是人到中年，正雄兵在手，逐鹿中原，却三次前来求诸葛亮，第三次正值诸葛亮在午睡，刘备就站门外恭候。精诚所至，金石为开，诸葛亮终于为刘备的诚意所感动，遂出山成为刘备最得力的军事指挥和安邦定国的栋梁之材。再如"萧何月下追韩信"的典故也是领导者求才用贤方面的千古佳话。韩信不被项羽重用，投奔刘邦。宰相萧何与韩信深谈，认识到韩信是难得的军事人才，三次向刘邦推荐，但刘邦认为韩信"出身微贱"，有"胯下之耻"，而不愿用他。韩信一怒而去。萧何得知，顾不得"山高水深、路途遥远"，连夜追赶韩信，说服了韩信回来。后来韩信终于成为刘邦开国大将，"连百万之军，攻必胜，战必取"，使项羽在乌江"霸王别姬"。刘备、萧何这些封建政治家，为了他们个人的事业，犹能礼贤下士，现代领导者，为了人民的事业，也应具有这种求才若渴的态度。①

③用才之胆。爱惜、识别、寻求、吸引人才，都是为了更好地使用人才。领导者的基本职责，归根结底是用好人才，人才用得好可以事半功倍，兴旺发达；人才用不好便可能徒生麻烦，反成不安定因素，这是一门领导艺术。用一句话概括就是要"知人善任"，古今中外凡是杰出的领导者大都是"知人善任"者，在我国历史上更不乏其例，如刘邦在对众臣总结自己以弱胜强打败项羽的经验时说："夫运筹帷幄之中，决胜千里之外，吾不如子房；镇国家，抚百姓，给馈饷，不绝粮道，吾不如萧何；连百万之军，战必胜，

① 方舒主编：《最新高校系主任工作实务全书》（第四卷）.科学技术出版社，2006年第1145页。

攻必取，吾不如韩信。此三者，皆杰人也，吾能用之，此吾所以取天下也。"
这说明善用人才之重要。而用好人才既是一门学问，也是一门艺术。这方
面在我国历史上总结了不少宝贵经验，诸如知人善任、任人唯贤、扬长补短、
用人不疑、不拘一格等，都是我们民族这方面的珍贵遗产，今天仍然值得
现代领导者认真研究、学习和借鉴。

　　造就一个人才，用人单位负有重要责任。特别是刚毕业的高学历年轻
学者，指望他们上岗即转变为人才是不现实的。"重使用，轻培养"是一
种缺乏远见的表现，这几乎是当前应该引起重视的一种主要倾向。现代社
会事物复杂多变，发展很快，有远见的领导者应该把使用和培养结合起来。
即使已经工作多年的人员，也需要不断补充和更新知识才行。在这种形势
下，领导者的责任，就是根据中央和上级的精神，为人才的成长铺路搭桥、
开辟渠道、制定政策、引进机制、创造条件、进行引导等，为有志者创造
早日成才的氛围和"英雄用武之地"的环境与条件。这是每个明智的领导
者日后事业兴旺发达最重要的条件和保证。

　　④容才之量。一般地说，人们在工作中所表现的能力，只是实际拥有
能力的一部分，其余能力还需要通过激励发挥出来，激励得好可以释放到
80%～90%以上，激励得不好也许只能释放20%～30%，效果悬殊。所
以领导者是否善于激励下属，使他们的能力充分释放出来，是一个不容忽
视的重要问题，这是一门重要的领导艺术。① 常言道："宰相肚里能撑船。"
而要做到这一点谈何容易。尤其要冷静对待那些平常说"怪话""发牢骚"
的人才，认真分析和正确对待他们的"怪话"和"牢骚"，不要误伤了他们。
然而有无容才之量，不仅是衡量领导者成熟程度的重要尺度之一，而且是
关系事业兴衰大局的重要因素之一。所谓"容才之量"主要是"容"些什

---

　　① 万良春著：《新编领导科学教程》（第四版），北京：中共中央党校出版社，2007年，
第284页。

么呢？首先是要容人之长，切忌妒贤嫉能；其次是容人之短，不要因过于夸大强调其短处，而忽视其本质与主流，不看人才的长处；最后是容人之过，对人才的过失总是抓住不放、喋喋不休"批评教育"没完没了，就是不能容才之过，这是领导者胸怀狭窄缺乏"容才之量"的表现。

只有在领导者具有人才观念时，其将高层次人才的引进作为人才资产储备的意识才能得到转变，因而对于高校领导者来说，高层次人才工作对于高校短期和长期发展来说具有以下影响：

表 7-1　短期效益与长期效益

短期效益	长期效益
①降低风险	①增进效率
②增加成果	②增强学校品牌和竞争优势
③节省资金	③增强战略执行力
④提高吸引人才的能力	④为关键人才建立更深的输送渠道
⑤加入"羡慕文化"	⑤在人力资本上做出更好的决定

关于高层次人才实践的观点的论证，可以通过由 Condit 和 Forman（2008）[①]提出的框架来帮助我们思考：

利益一致性论证。将人才实践的价值和实现组织战略目标联系起来。

商业论证。计算改进后的人才实践的财务收益。

实验论证。展示这些变化为个人带来的效果，因为令人信服的论证应该包括理智和感情两个层面。

比较论证。通过典型案例和比较数据，告诉他们其他人也会采取类似行动。

无效论证。展示不作为和丧失动力与斗志的代价。

持续性论证。持续做出令人信服的论证，并有能力回应内部与外部因素的变化。

---

① Condit, R., and D. Forman. 2008. Compelling cases for change. Washington, D.D.: Human Capital Institute.

（2）人才接受度模型流程建设

高校领导的人才观能对高校高层次人才建设提供方向和指引，但人才接受度模型的底层架构则需要进行不同层面的流程和实践建设：

关键人才管理流程
劳动力规划
胜任力发展
招聘
适职
提升人才敬业度
绩效管理
人才盘点
继任管理
领导力发展
管理人员发展
员工发展
人才调度和内部流动
知识和专业技能管理
职业发展
前瞻性员工保留计划

表 7-2

以上实践的部分或多数在大多数组织中都存在，尤其对于高校组织而言，以上流程的环节目的与其说是人才优化不如说是为保持与高校发展战略上的一致性。譬如，许多绩效管理系统并不能有效解决高校职称评定上的问题，因此无法为教职工提供诚实的和直接的反馈。许多高校组织也难以区分高层次人才和关键岗位，无法使得资源和干预能够集中于提供最高投资回报的领域。

流程建设是专业的领域。人才管理的研究中心通常不仅包括技术和分析，也包括前述流程的专家。这类中心的目的在于提供成熟的工具、模版和系统。以使领导者、管理人员和员工能在其人才管理职责上获得更大的成功。

在各大高校实际执行中，由于个体的差异性，以上流程中有一些核心流程是最为基本的：人才获取、绩效管理、敬业度、学习和发展。这些流程提供了开展其他人才实践所需的核心功能。流程建设是绝对至关重要的，它锻造了在组织内部驱动人才实践有效进行的流程和系统，也为在组织内部实施人才管理的下一重要阶段提供了底层架构。

（3）基层领导团队的重要角色

只有高校领导者具有人才观念是不够的，高校组织内的其他人也必须理解和支持向更高绩效文化的转变。其中高校各个院系的基层领导及管理人员的作用是相当重要的。我国的普通高等院校都是党管人才，高校院系党总支在没有专职的组织、人事工作机构和工作人员的情况下，落实党管人才原则，加强对高层次人才的管理，应注重以下几个方面：

①宏观上进行"管观念、管规划、管机制、管协调"。"管观念"，用新观念管理人才，对于高校基层院系来说，专业技术人才队伍是教学院系的主体。专业技术人才特别是高层次技术人才是创建一流大学的关键所在，需要一大批站在科技前沿，具有科技创新能力，能够推动科技进步的优秀高层次专业技术人才。因此，院系党总支落实党管人才原则，最重要的就是要充分发挥政治核心作用，着眼于制定政策、创新机制、改善环境、提供服务，引进和培养一大批高层次专业技术人才，使大批优秀人才为创建一流大学发挥作用。

"管规划"，用规划引领人才，以科学发展观搞好统筹规划，推进人才队伍建设协调发展。院系党总支和行政应根据学校的发展规划，结合专业特点、规模、层次等现状，制订出院系的人才发展规划或师资队伍建设规划。规划应实事求是地分析院系人才队伍建设的现状和面临的形势，提出人才队伍建设的指导方针和总体目标，在总目标之下制定具体的、可操作性强的子目标。如优化人才队伍结构的目标，包括学位结构、年龄结构、职称结构等；学科梯队建设的目标，包括较高水平，在国际、国内学术界有一定影响力的学科学术带头人、青年后备学科学术带头人，选拔和培养中青年骨干教师等；提高人才队伍整体素质的目标，通过各种途径加强政

治素质、业务素质、心理素质和团结协作、求实创新等精神的培养，促进
人才队伍素质的全面提高。

"管机制"，用机制激励人才，就是要努力创新工作制度，建立协调
高效的人才工作机制。党管人才就是要通过组织功能的强化充实，形成更
有效的、科学的人才选拔、评价、激励、保障和监督机制，逐步形成人尽
其才、才尽其用，生气勃勃、充满活力的局面。具体地讲，就是要通过及
时发现和总结在人才工作中的有益经验和做法，使之上升为规章制度，如
岗位聘任、年度考核、岗位津贴、绩效奖励、人才引进、项目聘用、人才
基金等一系列规定或办法，不断促进人才工作的制度化、规范化、程序化，
逐步建立和完善适合院系专业特色的制度体系，建立和形成一整套人才培
养和发展的协调高效的运行机制，只有这样才能"吸引人、用好人、留住人"。

"管协调"，用协调保障人才，形成人人参与、事事畅通的人才工作
格局。做好高层次人才的服务和保障工作。要为高层次人才创造良好的工
作条件和生活条件，了解他们的需求和困难，解除他们的后顾之忧，让他
们能够潜心学术，多出成果。对于不同类别的高层次人才要有针对性地给
予不同的支持。对于已有较高职称和已获得高等级奖励称号的教师，他们
在学术上一般都有了比较深厚的积累，对他们主要是支持其将已有的成果
加以总结，申报高层次的奖励，同时要采取不同的形式加大对他们的宣传
力度；对于刚毕业进校的年轻教师，首先是帮助他们解决住房、配偶工作
等生活问题，在工作条件和科研启动工作等方面给予支持，同时还要安排
有经验的教师在教学科研方面给予指导，以帮助他们尽快成长。对于处于
以上两级中间的教师而言，他们一方面已经有一定的学术成就，但仍处在
成果的积累阶段，同时还面临子女就学、赡养父母等生活压力，需要在工
作平台、对外宣传和生活上等多方面给予支持和帮助。

②具体工作"管引进、管培养、管环境、管服务"。"管引进"，用

引进汇聚人才，通过引进人才提升师资队伍水平。创建双一流大学，最重要的工作莫过于建设一支一流的师资队伍。只有具备高水平的教师，才能建设高水平的学科，取得高水平的科研成果，培养出高素质、高层次的创新人才。实践证明，引进的高层次人才大多数都在自己的岗位上发挥了重要的作用，做出了重要的成果，得到广泛认可。

院系要建立一支结构合理的师资队伍，高层次人才引进尤为重要。一是杰出人才：一般是在国内外学术界具有很高声望的大师级人才，如院士、国内外重大科技或学术大奖获得者等。二是突出人才：一般为国内外享有一定声望的学术带头人，如国家重大项目首席专家、"长江学者奖励计划"特聘教授、国家杰出青年基金获得者等。三是急需人才：一般为学校学科建设急需的教学科研骨干，具有较高的学术造诣和丰富的教学科研经历，年龄在50岁以下。四是潜在人才：一般为新出站博士后或新毕业的博士生，所从事的学科领域符合学校的规划发展，已表现出良好发展势头和潜力。引进国外高端智力，吸引留学人才回国服务，可以优化师资队伍结构，形成学科新的生长点，迅速实现对国外最新研究成果的吸收，实现与国外高水平研究机构的沟通，大大缩短与国际水平的差距。对于院系教学科研工作向一流大学水平逼近意义重大。[1]

"管培养"，用事业造就人才，使大批优秀人才脱颖而出。长期以来，国内高校普遍存在"外来和尚会念经"的现象，影响了一些"土产"教师的积极性，对建立一支团结凝聚的高素质人才队伍不利。根据科学的人才观，院系应把品德、知识、能力和业绩作为衡量人才的主要标准，坚持培养与引进并重原则，既要着重引进又要抓紧培养，既要重点培养急需的人才，又不要忽视培养后备人才。要注重人才队伍建设整体推进和人才工作协调发展，遴选一批青年业务骨干作为培养对象，然后根据各学科和管理

---

① 陈一峰主编：《党建理论与实践2006年卷》，郑州：郑州大学出版社，2006年，第161页。

工作的需要，进行重点培养。

"管环境"，用环境凝聚人才，努力营造有利于人才成长的良好环境。对于大力引进的高层次人才进校后如何发挥其重要潜能为学科发展贡献力量，基层党组织通过营造各种有利的环境来增强对人才的吸引力、向心力和凝聚力，促进其不断成长。首先，要创造人才成长良好的软环境。一是积极提供以人才评价、培养、激励、使用为主要内容的制度保证；二是加大以优秀人才先进事迹，引导人们树立科学的人才观为主要内容的宣传力度；三是积极鼓励人才干事业、干成事业、干好事业；四是院系党总支要积极主动、满腔热情为人才排忧解难；五是要在院系内部倡导形成尊重知识、尊重人才的风气。其次，要创造人才成长良好的硬环境，让人才干事有舞台，发展有空间。一是要舍得投入，完善必要的硬件设施；二是要建立创新人才团队，以"大师＋团队"的形式，使各层次人才各得所用，共展其才。

"管服务"，用服务留住人才，提高对人才的吸引力和感召力。实行"党管人才"，就要发挥好党管干部的传统政治优势和组织优势，加大为人才服务的工作力度，用感情留人，事业留人，适当的待遇留人，把更多的优秀人才吸引集聚到人才队伍中来，使他们安心地在岗位上创造性地工作。一是服务于人才成长发展规律的需要。建设人才队伍，必须以人为本，着眼于人的可持续发展，着眼于人才和社会发展的双赢，以感情和人格的力量，提高对人才的吸引力和感召力。二是服务于人才的工作环境和生活条件需要。不断改善和提高人才的工作条件和生活待遇，为他们的工作创造宽松和谐的环境，满足他们日益增长的精神和文化需要，这对于人才的稳定是必不可少的。我们不仅要充分信任和使用他们，还要尽力为他们创造好的工作和生活条件，加快建立有利于留住人才、人尽其才的收入分配机制，从制度上保证各类人才得到与他们的劳动和贡献相适应的报酬，切实增强对优秀人才的吸引力。

（4）高层次人才自身的主导作用

在确立了领导正确的人才观、规范的流程实践、基层党组织的管理职能后，高层次人才自身承担了主导和进行自身职业发展的责任。他们能够获得描绘个人职业发展前景所必要的信息和工具，而基层党组织将为他们提供支持并对他们的发展路径进行微调。高层次人才自身变成了自己职业生涯的主人。

虽然大多数人希望掌握自己的命运，但缺乏这么做所需要的信息、工具和组织授权。高层次人才们越发意识到他们最大的保障来自于通过学习新技能、积累独特经验、扩展职业网络、拓宽学习范围等方式来持续推动其职业向前发展。

同时需要注意到高层次人才自身的成长规律，处于不同成长阶段的人才对于各种培养手段的敏感性也不一样。较高层次的高层次人才往往对于经费资助的敏感程度较低，而对于入选高端高层次人才所带来的荣誉较为看重，同时十分看重各类人才工程等平台效用，期望在这类平台上加强与高水平同行之间的交流。而处于起步阶段的高层次人才则对经费资助比较敏感，希望资助经费能用于改善个人工作条件，增加专业进修机会或开展项目研究等。高校组织则应针对上述特点，根据高层次人才发展所处的不同层次，提供差异化的服务，致力于解除这些束缚并在管理上进行更多的放权。

现在的高层次人才教师应当有能力在更大程度上掌握其职业发展的方向。他们可以利用高校组织作为学习的实验室，为其个人发展和表现承担更大责任，并随时准备好与他们的领导交流他们想做什么。他们成为对自己和高校组织的真正的投资者。他们将做出选择，并且比简单服从命令或走传统路径表现出更多的主动性。所有的一切以如何为个人创造更多的选择、机会和路径为中心。当人们为其自身选择负责时，其敬业程度将增加，科研和教学成果也将提高。

（二）实践政策创新

1.高等教育产业化政策

正如前文所提到的，高校教育产业功能有待进一步开发，高校作为教育产业，其经济功能上能促进经济增长和持续发展，但也依赖于高校人力资源的最大限度的开发，而高校产业化发展也能推动高校高层次人才的引进和管理工作。

（1）将高等教育产业纳入国家现代产业结构是产业化的前提条件

虽然国内外情况千差万别，高等教育产业化实践的途径互不相同，但高等教育产业无一例外要纳入国家现代产业结构。在计划职能维护国家产业结构方面，国家政策对高等教育的支持是主要的，其直接影响就是形成公立高等教育产业化，并通过有限度资助促成私立高等教育产业化。需要明确的是，公立高等教育产业化或私立高等教育产业化都不是产业化的全部。整个社会都要支持高等教育，应调动一切力量，包括公共及私营经济部门。① 各国实施高等教育产业政策的时间并不一致，我国在实行高等教育产业政策之后，高等教育产业发展程度也因地区差异而极不平衡。大多数公立教育系统主要是根据学生的居住地来分配学校的，也是我国公办高等教育进行资源配置和院校布点的基本原则之一，美国的州立大学和社区学院更是最典型的例子。这种公立高校在地域上合理布点的方式早已有之，在高等教育产业政策实施之前，其目的主要是考虑高等教育的社会功能，并没有成为国家产业结构中之一员的含义。而在高等教育产业政策实施之后，这种公立高等教育资源配置方式有了本质的变化，成为国家产业政策中的一个重要组成部分，高等学

---

① 赵中建选编：《21世纪的高等教育: 展望和行动》(1998)，《全球教育发展的研究热点——90年代来自联合国教科文组织的报告》，教育科学出版社，1999年12月版，第425页。

校不再是个不受产业结构变动影响的社会组织。①

高等教育要发挥产业的实际效能，最重要的条件是其所处的政策法规环境和社会经济体制。在低效的经济体制中，高等教育与国家产业结构关系并不紧密，未纳入产业结构的联动，难以发挥其应有的功效。产业化的目的，正是使高等教育产业真正与其他产业建立起良好的互动，充分发挥高等教育产业对经济发展的作用。要达到这个目的，政府必须将高等教育产业纳入国家产业结构规划。

（2）知识产业化是实现高等教育产业化的必要条件

由于生产要素的重组在不同国家面临着不同的形势，高等教育生产率也面临着不同的问题。如果没有质量措施的密切配合，高等教育仅仅是简单的数量膨胀，质量低下，那么，在其他条件既定的情况下，其生产率无疑是低下的。这就是一些发展中国家高等教育产业化的现状。因此，高等教育规模的扩张并不一定表明高等教育的作用出现本质的差异，其比例大并不意味着对国家产业结构的促进作用一定增加。发达国家高等教育产业发展主要是因为经济的发展引起对高级专业人才的需求增加，社会就业收入分布与高等教育层次有着正相关性，而发展中国家则主要依赖下一级教育的毕业生供给状况，高校毕业生很容易出现结构性失业。

高等教育产业的存在及与其他产业之间关系的维系，依赖于人力资本投资是否能在未来获取更多的收益。因此，高等教育产业与学历社会相适应，在学习化社会中，人们才有可能预期未来收益会超过投资成本，高等教育才有可能真正成为产业。人们是否认可学习化社会的存在，对高等教育产业化有重大的影响。这些思想在后来的现代人力资本理论中得到了进一步的发展，并构成人力资本投资理论的核心内容。

---

① 史秋衡：《高等教育产业的特殊性研究》，厦门：厦门大学出版社，2002年，第138页。

（3）合理进行地域分布是高等教育产业化顺利布局的主要措施

教育产业布局有它的内在规律。比如，高等教育产业布局具有城市指向的特点，这是由高等教育产业的基本功能和自身结构特点所决定的。首先，高等教育产业生产环节中的教学、科研和社会服务三项基本功能的充分发挥需要良好的外界条件和物质基础，现代城市作为一定区域的政治、经济、文化中心，能积聚大量的政治、经济、文化、人力资源，有利于高等教育产业整体功能的充分发挥，并向周围地区辐射。其次，现代大学是一个内部结构复杂、分工严密的社会组织，它对于周围的交通、信息、生活环境有较高的要求。越是高水平的大学对所在地的基础条件要求越高，否则就会大量增加学校不必要的办学成本，降低教育质量。当然，教育产业的这些内在特点也不是一成不变的，而是随着外界条件的变化而变化的。前文对我国高等教育院校数的结构图分析中可以看出，目前我国大部分优质教育资源主要分布在北京、上海、江苏等经济较发达地区，而这也相应吸引了更多的高层次人才的流入，出现了高等教育的"马太效应"。

因此，高等教育产业化布局应合理进行地域分布。从经济发展趋势来看，我国经济将要走的是发展区域经济与地方经济的道路，区域经济的发展与教育产业的演进有着密切的联系。因此，必须实行教育产业地方化，使教育产业既能适应地方经济的发展，又能提升教育质量，为地方经济服务，成为地方的文化科学中心；使教育产业的绝大部分管理的权限属于地方，并以地方财政拨款作为办学资金的主要来源。

高等教育作为基础性产业，也同其他产业一样，必须服从"投入——产出"的运行规则，只是"投入——产出"的内容及意义有所不同。高等教育的产业化过程，需要有足够的人财物投入强度和高效率的三大职能产出能力。另外，财政自主便于高校及时把握市场动向，并采取相应的调整行为。其中，充足的经费投入与适量的盈余产出，是维持高等教育产业进入良性循环的重要基础。如果高校以营利为目的而放弃了其他更重要的东西，那么它的办学肯定是维持不了多久的。

此外，从前文结构图分析中可以看出，东、中、西三个区域在高等学校数量上的差距非常明显，这种布局主要是历史形成的。随着远程教育的兴起和西部大开发战略的实施，西部地区的高等教育必然加快发展。我们应当把握这一机遇，促成高等教育区域布局的适度均衡化。[①]

（4）政府的监管是高等教育产业化的重要途径

高等教育作为市场经济产业链中的重要一环，同时又是一种特殊的公共产品，就更加需要建立高等教育的宏观调控机制，充分发挥政府对高等教育的宏观管理职能，从而保证高等教育产业健康、稳定地发展。

建立高等教育的宏观调控机制，首先要划清政府行政部门的管理职能和各级各类高校的办学职能。从过去行政部门对高校面面俱到的微观管理转变为综合的宏观目标管理，将办学的自主权完全交给高校，逐步建立和健全以间接管理为主的高等教育宏观调控体系。采用政策、法律、拨款、评估、督导、咨询等多种手段对高等教育实行多样化、综合化调控管理和指导，减少不必要的行政干预和管理层次，增加业务性指导和各种服务。

在市场经济条件下，政府在高等教育产业发展中的作用主要表现为制定高等教育产业政策。政府对高等教育的宏观调控，需要通过一定的产业政策来实施。就约束力而言，政策是一种处于法律和计划之间的约束机制，它代表政府的意愿和偏好，而且这种意愿和偏好的实现要有相应的实施手段予以配合。政府可以通过建立一个互补的产业政策体系来保证高等教育产业在政府预期的轨道上运行。政府对高等教育产业的调节可以有多种途径，但在市场经济条件下，主要采取间接的途径，通过税收和利率的安排，即运用财政政策和货币政策来促进高等教育产业的发展。此外，政府对高等教育产业的

---

① 问青松著：《教育产业与经济发展》，武汉：武汉大学出版社，2005年，第162页。

作用和影响还可以通过政府制定宏观发展规划以及直接投资和引致投资来实现，这也是发展我国高等教育产业的重要途径。①

2.高校高层次人才政策导向

（1）引进政策

①各高校的高层次人才引进政策"因校制宜"。各大高校针对高层次人才的引进出台了名称各异的政策，但综合来看，并未有鲜明的学校特色，缺乏明确的目标和指导思想。因袭，各个高校的高层次人才引进政策应"因校制宜"，有的放矢，做到目标清晰、原则明确，防止出现盲目攀比。能突出学校办学和学科特色的高层次人才政策，强化对办学模式、学科特点、发展方向等的深入研究，从而推出真正符合各校实际人才需求的高层次人才政策。

我们要更新观念，增强人才意识，按照实际情况制定出符合学校发展的人才引进的规章制度。学校要根据学科建设需要，适时地对引进人才和现有人才进行优化组合，形成合力，做到"人尽其才、物尽其用"。对引进的高层次人才的管理要个性化、人性化。引进的高层次人才来源非常广泛，他们分布在不同的层面，不同的国家和地区，有着不同的经历和不同的文化背景、知识背景和宗教信仰背景。因此，对他们的管理要充分尊重个性，并且要认同、容纳、包涵一些人才的缺点，这样才能使每个引进的高层次人才的潜能和个性在其岗位上得到挖掘和展现，实现其本人的价值，从而实现学校的整体建设目标。

②人才引进强调动态指标。高校在引进高层次人才时，往往以学历及已取得的成果作为衡量标准，但这些静态的指标并不能全面地反映一个人的实际科研能力、敬业精神、团队意识及道德水平，如果引进的人员不善于与人沟通或有才无德，仅凭其高学历和高产文章并不能成为高校真正需要的人才。

因此人才引进政策强调的动态指标更能有效衡量所考察的高层次人才是

---

① 冯艳飞著：《中国高等教育产业研究》，经济管理出版社，2004年，第77页。

否胜任预期职位。图 7-2 说明了 9 条核心胜任力。

行动导向	公民行为	沟通	创新与变革	客户导向	人际技能	领导力	团队合作	技术技能的专长
目标和获得结果，克服障碍，承担责任	对于组织纲领、价值观、道德准则和可持续性原则的承诺、诚信、廉洁	通过口头或书面形式沟通，与他人有效传达并分享信息和想法	产生创新的想法，承担风险	倾听客户，与客户建立信任，并回应客户的需求	卓有成效的参与人际交往	营造主人翁文化氛围，创造清晰的愿景	指导团队以优化成果	在专业邻域显示出很强的技术能力和知识

图 7-2　九项有代表力的胜任力

高校制定高层次人才政策可参照以上所列核心胜任力指标制定符合高校特色的人才引进政策。

③人才引进政策更为灵活。现行的高层次人才引进程序一般是用人单位向有关部门申报，例如，中组部"千人计划"的申报还需海外人才提供个人的相关证明材料，主要是科研业绩或创业成就、回国（来华）后的工作设想，包括创新、创业的内容、目标、方案以及现有基础、团队等情况，也可提出工作条件等方面的特殊要求，然后由有关部门组织专家进行评审和综合遴选。最后中组部会同有关部门组成海外高层次人才引进工作小组（设海外高层次人才引进工作专项办公室负责日常工作），对拟引人选进行评审。但在具体实施时应针对特定个体实施相对灵活的政策。例如，在向相关部门申报的过程中，考虑到海外人才回国中涉及的手续复杂，时间相对较长，对于工作中急迫需要引进人才的岗位，而海外人才又切实满足岗位要求的，可以先对海外人才提供工作许可，并在安置等工作上予以优先处理，体现高校对人才的求才之心和惜才之意。

总的来说，高校对于高层次人才的引进政策应具有更大的灵活性，要打破常规，制定相应的优惠政策，在分配制度、奖励制度、住房分配、专业技术职务评聘等各方面都要有相应的灵活的政策和办法。简化高层次人才的引进手续，不拘一格地引进人才。对于急需引进的高层次人才，学校可以充分利用现有灵活政策，简化接收手续、特事特办，提高人才引进的成功率。

（2）管理政策

在大力引进各类高层次人才的同时，用好和管理好这些人才也是需要关注的。因此高层次人才管理政策导向应注意以下几个方面：

①用"心"管理。用"心"管理既包括高层次人才自身的"心"，也包括管理者自身的"心"。首先，对于人才自身而言，高校要充分尊重高层次人才的爱国心、事业心和自尊心，通过情感投入和人文关怀来感召人才、凝聚人才。坚持以超常规的热情、超常规的举措、超常规的努力做好高层次人才引进工作。加大政策配套力度，狠抓落实。对待某些特殊高层次人才，坚持特事特办，提供主动、热情、周到和个性化的优质服务。通过妥善安排高层次人才的住房、配偶安置、子女入学等问题，千方百计解决引进人才的实际困难和后顾之忧，让人才安心工作。[1]

其次，管理者应用"心"去帮助高层次人才入职后所遇到的问题。每个学者都有不同的性格、不同的专业背景和家庭背景，这使得对他们的管理方法不能使用单一、死板的方法。出于对他们的尊重和对他们所做贡献的回报，高校管理人员应针对具体情况制定人性化的方案，切实帮助他们解决问题和困难。当这些人才感受到了高校的诚意和热情后，也会对高校产生感情。这种心理上的契约远比金钱上的和纸质合同上的约束要有效果。能同时满足人才的物质需求和精神需求才能真正留住人才。同时，高层次人才才能适应新的环境并全力投入学术及创新和创业，从而更好地为高校做出贡献。

---

[1] 张云香、荣亚平：《实施人才工程，走人才发展之路》，《大连大学学报》2002年第5期。

②对人才的考核政策保持弹性。没有竞争就没有活力,也就没有发展。"高层次"本身就是一个相对的概念,过去的成绩不代表未来,只有不断地努力拼搏、不断取得高层次的科研成果,才能保持高层次的荣誉,高层次人才也是动态的,在竞争中取得的荣誉也应在竞争中保持,引入竞争机制。高层次人才的竞争分两个层次,一是校内的竞争,一是校外的竞争。因为高层次的人才要取得高层次的成果,其成果要达到国内或国际一流水平,他们的竞争对象应该是本学科的一流的专家,只有高水平的竞争,才能保持一流的科研成果。建立科学、公平、公正的评价体系。随着竞争性的增强,必须有一套科学、公平、公正的考核评价体系,竞争应该是公平的、理性的和有序的。考核评价是对高层次人才进行管理的重要手段,有利于调动高层次人才的积极性、创造性。同时考核体系、考核结果也反映了学校的要求,有明确的导向作用。通过考核,可以发现新的人才,实现优胜劣汰,创造奋勇争先、人才辈出的局面。[①]

因此高校必须合理有效地对高层次人才进行入校考核,考核可以定期与不定期结合。定期考核不仅可以使引进人才在固定时间内进行合理的工作规划,而且可以增加引进人才的压力,促使其不断努力前进。高校近年来进行的学术反腐暴露了高校学术界的不少问题,所以针对高层次人才这类已经在学术上取得较高成就的人群也要加强"学术为主,坚持品德"的考核制度。对于抄袭和编造现象绝不姑息手软,同时也要对个人品行把握大方面,原则性问题不能有任何动摇,但对于一些小的瑕疵则可做出适当的引导和宽容,具体情况具体对待。在政策和工作方面应保留充分的弹性,以防止部分优秀的学者由于个人性格或生活习惯等问题被限制了创造力的发挥或者在专业学术方面受到不必要的影响。高校的管理者应对德才兼备

---

① 徐业滨著:《中国高层次人才资源理论与实践研究》,哈尔滨:哈尔滨地图出版社,2007年,第217页。

的高层次人才进行大力宣传和推崇，对于有所欠缺的人才也应秉承宽容的态度，帮助其摆脱困境，服从于大局，形成合力。

对于引进的高层次人才考核合格后，进行专业技术职务评聘时，除按规定执行上一级主管部门的相关规定和政策外，在校内职务聘任中也可适当实行低职高聘制度、特聘教授制度，推动职务聘任制的管理，完善岗位聘任制，为高层次人才提供学术地位，使他们得到承认和尊重，也为高层次人才施展才华创造必需的条件。

③对人才的奖励政策多样化。改善和提高引进人才的工作条件和生活待遇是稳定人才的必要条件。学校要从教学设施、实验设备、良好的学术氛围及人际关系、相关的政策等各方面为引进的高层次人才创造良好的环境，提供较高的待遇，使他们自身能够得到更好的发展。对于学校引进的高层次人才来说，他们也不是仅仅看重待遇，更看重的是工作环境和自身的发展空间，因此，学校关键是做到在各方面要公正、公平、合理，使他们有积极向上的信心，做到以事业吸引人，以政策稳定人。

当然，这种公正公平不是"平均主义"，而是效率优先兼顾公平，使有限的资源得到最大化的利用。同时，激励机制要兼顾物质和精神两个方面，使高层次人才能切实感受到付出的回报，从而更好地激发他们的工作动力。物质收入的多少一定程度上体现了劳动的多寡、贡献的大小。在制定校内分配政策时一定要拉开档次，使干多干少不一样，干好干坏不一样。要奖勤罚懒，鼓励先进。在科研成果转化为产品中要体现知识的含量。高层次人才的技术、成果可以入股，参加分红。科研成果只有转化为产品，能为社会做出更大的贡献，才能发挥其真正的效益。

同时精神报酬上不可少。高层次人才的引进很大部分是为了给在校学生创造良好的学习环境和学习目标，而一所拥有良好学术氛围的高校也必然能够吸引更多的人才前来，同时也容易培养出符合社会现实需要的创新型杰出人才。学术氛围的建设应着重于在校学生的学习习惯和品德教育，激励学生的学习积极性、主动性和创新性，加大学生自主学习的培养力度，增加学生和高层次人才的交流与互动，让学生切实感受到高层次人才的优秀和突出之处，同时也能让学者感受到中国新一代大学生的活力和对学术的追求。学生和学者双方相互促进、共同进步，在引进外来学者的同时也要兼顾高校本身学者的开发和培训，为社会提供更多的人才。

总的来看，双重报酬给高层次人才带来多样化的激励，从而创造和贡献更多的成果，为高校带来声誉和专业学术方面的回报，这样能形成一个良性循环，为学校和个人创造双赢的局面。

3.高校高层次人才政策评价指标体系

在对高校高层次人才政策的导向进行分析后，有必要以具体的政策评价指标来帮助形成完整的高校高层次人才管理战略纲领。评价指标主要分为六大类：高端人才培养指标、高端人才引进指标、高端人才激励指标、高端人才规模指标、高端人才环境指标和高端人才效能指标。前三项指标反映的是政策支持强度，后三项指标反映的是人才现状与问题。[①]

（1）高层次人才培养指标

虽然人才引进至关重要，但是教育和培养人才是基础。高层次人才培养指标从三个维度来体现：一是教育培训指标，主要反映每年接受教育和培训的人才规模，从各类高层次人才继续受教育规模、出国培训人数、出国留学人数等三项指标反映；二是培养投入指标，主要反映在教育投入、科技投入、医疗卫生投入三项指标；三是发展平台指标，是对人才培养载体建设的反映，主要从大学、科研室、博士后工作站、科技企业孵化器、国家级科学技术平台、大师工作室、年度国际国内高层次人才交流密度这些指标来反映。

---

① 鄢圣文著：《北京人才发展服务研究》，北京：中国经济出版社，2013年，第236页。

（2）高层次人才引进指标

高层次人才引进指标从三个维度来体现：一是人才引进规模指标，从国内高层次人才引进数量、海外高层次人才引进数量、留学优秀人才引进数量三项指标反映；二是高层次人才资助指标，不仅有对海外高层次人才创新创业的资助额，还有对留学回国的创业启动资助额；三是人才流失指标，如果对引进或培养的高层次人才没有保留住，造成人才的流失，这将作为人才引进的反面；人才流出对人才引进具有负面影响，这主要体现在中国留学人才流失规模和技术移民的规模。

（3）高层次人才激励指标

高层次人才激励指标从三个维度来体现：一是人才物质激励指标，即高层次人才所能获得的奖金额体现；二是人才精神激励指标，体现在对高层次人才设立的奖项方面；三是人才保障指标，体现在对高层次人才的各种保障方面。

（4）高层次人才规模指标

人才规模从四个维度来体现：一是高层次人才数量指标，用两院院士、特贴专家、"百千万工程"人选、"千人计划"专家、"海聚工程"人选、博士后等组成的高层次人才总量；二是人才质量，从人口平均预期受教育年限、人口高等教育毛入学率、接受高等教育从业人员比重、每万名从业人员中R&D人员数量、每万名从业人员中科学家和工程师人数五项指标来反映；三是高层次人才年龄指标，是从中青年和年老专家各占比例，以及特贴专家在岗比例来反映；四是人才产业结构分布，主要从人才宏观产业集中度（三次产业结构比）、高科技产业从业人员比重、金融产业人员比重、文化创意产业人员比重来反映。

（5）高层次人才环境指标

人才环境是衡量一个城市人才发展力量的主要综合性指标，它是人才引进的吸引力的反映，一个好的环境，对引进和保留高层次人才是至关重要的。可以从五个方面来对城市的人才环境进行评价，即基础环境、经济环境、事业环境、人文环境和国际化环境。一是人才基础环境指标，是从人口密度、生活质量指数来反映；二是人才经济环境指标，是从城市 GDP规模、人均可支配收入、人均可支配收入占人均 GDP 的比重来反映；三是人才事业环境指标，是从大型跨国公司和科研机构、跨国公司的总部和分部、R&D 机构来反映；四是人才人文环境指标，是从高等院校数量、公共图书馆数量、艺术馆数量、文化馆数量和博物馆数量来反映；五是人才国际化环境指标，主要从外籍侨民占本地人比重、国际组织总部数量、每年举办的国际会议等指标来反映。

（6）高层次人才效能指标

人才效能指标是用来衡量人才投入所产生成果的指标。人才的效能是最能反映人才资源是否得到真正发挥、有效发挥、最大发挥的指标。人才产出指标主要包括两类：一类是人才经济产出，可以使用人均 GDP、劳动生产率、人才经济效能和专业性人才资本贡献率来表示；另一类是人才科技产出，可以使用新产品销售收入、专利和学术论文的发表数量来衡量。

综上所述，高校制定高层次人才管理战略，在现有政策的基础上进行改革，以高校产业化为发展方向，以有效引进和管理好高层次人才政策为导向，结合各项政策评价指标，为构造高层次人才管理战略宏图提供较好的纲领性指引。

二、打造高校高层次人才管理战略宏图

（一）人才战略

任何科技奖励荣誉的获得都是由特定的人来完成的，因此，吸引已经获得或有可能获得高等级科技荣誉的人才加盟成为大学与科研机构竞争战略的核心。战略聚焦实施是否顺利，竞争优势能否得到充分展现，最终都归结为吸引人才的战略实施状况。吸引重量级人才成为各研究机构竞争战略的重中之重，是获取竞争优势最关键的壁垒。迈克尔·波特一语道破人才在战略实现中的重要性，他认为，贯彻战略的唯一办法就是要有非常强的领导。对于大学科研机构而言，强有力的领导是获得科技奖励荣誉的重要保障。[①] 高层次人才无疑是对高校科研团队强有力的领导者。对这类人才的竞争也就上升到战略高度，且看以下原因：

在高层次人才竞争中，相关大学与科研机构在学科研究方面公认的领头人往往成为竞争的重点。这样的战略选择会带来事半功倍的效果，特别是对于那些学术研究实力较弱小的大学与科研机构。这种竞争战略更是一种获得科技奖励荣誉的跨越式发展的重要手段。

1.学科带头人的加盟，使研究机构可以直接分享高等级科技奖励荣誉

一般而言，学科带头人本身就是某类高等级科技奖励荣誉的获得者，他的加盟使研究机构直接分享其荣誉。由于高等级科技奖励荣誉的获得是一项庞大的系统工程，费时费力还要承担巨大的风险，因而，对于引进此类人才的机构而言，即便所支付的人才引进费用高昂，但相比由自己来组织科研资源竞争荣誉，其风险与代价都要小得多。在科研项目竞争、科研资金竞争、科技奖励荣誉竞争中获胜概率越高的人，越会成为竞争的目标。为了成功引进学科领域重量级人才，某些大学与科研机构甚至引入猎头公司来运作，可见重视程度之高。

2.学科带头人的加盟，能大大改善研究机构参与荣誉竞争的格局

一方面，许多学科带头人本身就是各种科技奖励的评审人，这样就使他们所属的大学与科研机构在荣誉竞争中处于极其有利的地位；另一方面，

---

① 李强著：《科技界的激励与竞争机制研究》，武汉：华中科技大学出版社，2014年，第129页。

他们熟知本学科研究的重点领域与重点方向，了解哪些方向的研究获得奖励的可能性大，可以使研究机构在荣誉的竞争中少走或不走弯路。此外，他们对所在的学术圈非常熟悉，知道竞争对手的研究领域与研究方向，可以使参与科技荣誉竞争的相关机构处于知己知彼的有利境地，从而更好地发挥自己的长处，提高获取高等级科技奖励荣誉的概率。

张五常说，有效并非来自统计，而是来自观察者的直觉。不需要去做什么周密的统计，直觉就会告诉人们，有较多全国范围学科带头人的大学与科研机构所获得的科技奖励荣誉要远远多于没有学科带头人的大学与科研机构，甚至某些类别的荣誉长期为某些大学与科研机构所把持。这种现象并不是什么腐败，而与科技界特定的科技奖励评审体系的构成有密切关系。[①]这些学科带头人本身就有相当强大的研究实力，其所研究的重点领域与重点方向具备较强的获奖潜力，加上作为科技奖励评审委员的倾向性，导致某些大学与科研机构长期对某一方向的科技奖励荣誉出现垄断几乎成为必然。这种现象的存在势必不断强化那些力图竞争科技荣誉的管理人员追逐学科带头人的动力。荣誉的集中也正是这些大学与科研机构长期实施人才战略的必然结果。

3.学科带头人的加盟，能培养研究机构持续竞争的能力

现代科学研究从小科学时代走向了大科学时代，科学研究越来越复杂，这使高等级科技荣誉的获取成为一项庞大的系统工程，科研项目的申请、资金的筹措、研究小组内部的协作、资金与人才的管理都堪比一个小型的企业。这决定了获取科技奖励荣誉的竞争需要多种人才的有机匹配，而要实现这一系统良好运行，就必须有强有力的领导。因此，既精通相关领域的科研，又熟知如何运作这一系统的学科带头人无疑是最为关键的一环。

优秀的学科带头人会对优秀的人才产生强大的吸引力，使该领域优秀

---

① 向松祚：《张五常经济学》，北京：朝华出版社，2005年，第220页。

人才向该研究机构自动聚集。朱克曼以杨振宁追寻导师费米的例子来阐述科技界一个普遍的模式，即那些以后将要获得诺贝尔奖的年轻科学家，很早就知道该学科领域正在进行哪些最重要的工作，在哪里进行，由谁进行。费米共有6个研究生与低级合作者获得了诺贝尔奖，朱克曼认为，很显然，这些人不是偶然来到他的门下，而是经过了仔细搜寻和细心考量。

学科带头人既可以指导研究定向，组织重大项目申请，实施科研项目，同时还能通过运作科研团队培养学术研究的接班人。往往一个大型科研项目，就能带出一批优秀的科技人员，同时获得一些高等级的科技奖励荣誉，这样可以有效地保持大学与科研机构持续的竞争能力。所以，往往一个杰出的学科带头人的到来会为一个大学与科研机构在某一学科领域打出一片天地。

（二）培养核心教师

人才战略使高校明确自己需要引进和管理什么样的人才，才能完成"双一流"建设。人才管理战略把劳动力视为人力资本的投资组合，并且会通过评估每个人在目前和将来对高校组织的贡献来制定不同的投资组合。高校要基于组织的人才纲领，对不同层次的人才进行不同类型的投资。据研究证明，一个具有较高产出绩效的组织实施的人才战略都具有以下三个重要的元素：核心员工、保持关键岗位的后备人才和合理进行TREADs（培训、奖金、教育、任务和发展）分配。

对于高校而言，成功的高层次人才管理战略也离不开这三大因素。首先就是核心教师。这里所谓的核心教师应是高校内最能代表高校教学科研水平的一小群人，他们的表现异常出色，而且还能激发他人也有更出色的表现，体现了高校的人才纲领、具备了核心胜任力、认同高校组织的价值观。对于高校的未来发展而言具有举足轻重的作用，因此，他们的流失或者缺乏将会严重阻碍高校组织的发展。这类人就是前文所提到的各大高校人才引进的重点对象，如两院院士、领军人才、学科技术带头人等高层次人才。

这些核心教师可能只是高校人才储备的很小比例，但却是影响高校发展壮大的"超级员工[①]"。因此，培养这类的核心教师人才需要从以下方面着手：

1.搭建核心教师的发展平台

高校应为这类核心教师搭建科研团队和平台，培养优秀学科带头人和创新群体。团队和平台建设是高校人才队伍建设的核心。这在世界各国高校中也是一种潮流。我们要更加重视团队建设，培养一批优秀学科带头人和创新群体，积极利用发达国家先进的科学技术和管理经验，通过"211工程"和"985工程"打造优良的科研创新平台和基地，吸引国内外高层次人才建功立业。继续加大吸引留学和海外高层次人才工作的力度，通过引进海外优秀人才和学术团队，与国内学者专家相结合，形成创新团队，促进高校相关学科的建设和科研实力的提升。同时，鼓励和支持高等学校设立高层次人才科学研究特区，参照国外科研的管理模式，赋予学科带头人和创新团队人员充分的管理权限，大力推进人才组织体系和用人机制的创新。

2.构建创新的用人机制

高校应结合岗位设置，科学合理地配置高层次人才资源，改革和完善教师聘任制度。具体来说，应参照国际通行做法，最大限度体现高等教育和科学研究的内在规律和本质特征，充分调动广大教师中不同类型和不同层次人员的积极性。在针对岗位要求差异实行分类设计和分类管理的基础上，针对不同类型人员的条件要求、待遇保障、职业生涯和管理模式，科学合理地配置人才资源。此外，还可以参照美国大学建立终身职位体系（Tenure Track），按照新《劳动合同法》的要求，对专业技术岗位教学科研系列教授岗位的聘任进行改进和创新。

3.推行教授治校，赋予教授更多的权利

高层次人才作为高校的核心人才应该拥有核心的地位，成为高校办学治

---

① SuperkeeperTM.

校的主人，高校应赋予教授更多的权利。从横向国际比较来看，目前我国高校的教授群体在办学治校等方面的知情权、参与权和决策权与国外还存在较大的差距，这也较大程度地影响了广大教师的主人意识和工作积极性。高校是一个高级知识分子集中的教育学术机构，提倡更加浓厚的民主意识，无疑对学校营造良好的学术氛围具有积极的推动作用。因此，应逐步赋予教授在教学科研工作、学科发展和队伍建设中更大的权利。

（三）保持核心教师的后备人才

高校的核心教师大都处于关键岗位，如果由于人员的流动出现空档期，将给高校产生高昂的费用和带来严重的损失。为了让高校持续卓越表现，这些核心的关键岗位上必须始终有人，同时这些后备人才也必须是那些比一般人才要出色的具有培养潜力的人才，能够体现出前文所讨论的组织人才纲领。因此这类后备人才可以认为是高层次人才梯队中处于中下级层级的人才。他们虽没有核心教师所获得的显著成就，但其知识构成、成果储备等都是核心教师的有力继任者。

通过建立高校核心教师继任机制，能帮助保持核心教师的后备人才，从而为高校建立稳定的核心人才梯队；激励核心人才的进步与竞争；培育高校持续发展和应对国际竞争的核心能力；不断提高高校的教学、科研水平和声誉。

1.提高后备人才的学历层次

正如前文的高等教育教师的学历职称结构分析所示，目前我国的高等学校教师的学历结构中具有较高学历教育经历的教师只是少数，因此应继续推进学历教育，使未达到国家规定学历要求的后备人才教师补上这一课。在高校中还有相当一批教师未达到国家规定要求，其中也包括一些在学科或专业领域小有成就的具有副高以上职称的教师。所以，学历教育开发途径将会在我国高校长期存在并发挥积极作用。但由于过去学校在学历教育上负担太多，增加了教育成本，而受教育的教师获得智力资本后，又不管不顾，溜之大吉。

这使出钱培养的单位落得人财两空的难堪局面。因此，应将一切费用由单位承担的供给制改为单位和个人分别承担制。因为含有自己的投资在里面，可以促使教师更加刻苦攻读，自觉学习知识。这样将有利于高校人才资源学历教育的健康发展。[①]

除了学历教育外，在职培训也必不可少。人才的质量比数量重要，因此强化和提高现有储备人才的人力资本质量也是提高后备人才继任能力的重要途径。学历教育主要是增加人才资源的知识存量，它开发的是未来的或者潜在的人才资源。而在职培训主要是增加人才资源的技能存量，它开发的是现实的人才资源。所以在职培训与学历教育相比，见效更快、更直接。根据关键岗位的工作性质和需要开展各种培训，不断适应专业知识变化的需要。如外出短期学习，参加学术讨论会，进行国内外访问等。

2.依据核心教师素质模型培养后备人才

培养具有较高核心教师素质潜力的后备人才应依据核心教师素质模型并进一步考核其个性特征、实际知识能力水平、忠诚度、敬业度等方面与拟任角色（职位）的匹配度以及为本校服务的可能性，最终确定核心教师后备人才。

具体来说，核心教师素质模型是选拔和考核核心教师的依据。制定核心教师素质模型的方法一般有两种，一是基于战略需求来构建核心教师素质模型。即通过问卷调查和访谈、专家组论证等方式，自上而下地确定实施战略目标的关键部门、关键部门中的关键角色（职位），以及对关键角色（职位）进行工作分析等程序，提炼出实现战略目标需具备的关键素质和能力，作为核心教师的素质模型要素。二是基于现有水平来构建核心教师素质模型，即采用对比分析的方法，将目前在关键职位中任职的人才，按照其知识能力水平和贡献，划分为优秀组和对照组，分别进行行为访谈，

---

① 潘晨光主编：《中国人才发展报告2010》，北京：社会科学文献出版社，2010年，第238页。

经过信息整理和分类编码，提炼出优秀人才的行为特征信息，经专家组评估和确认后，建立核心教师素质模型。

3.发挥核心教师作用培育储备人才

在关键岗位储备人才的培养中应发挥核心教师的作用。注意在工作中培养，储备核心人才资源。由现有核心教师对中青年教师进行传、帮、带，或者有意识地在工作中锻炼教师某一方面的能力。如有些学校以教研室、课题组为单位，对有培养前途的中青年教师实行重点培养。这也是塑造能力型、创造型人才的良好方法。核心教师应为储备人才制定和实施培养计划。储备人才培养计划由核心教师继任人及其导师按照培养目标的要求共同制定，主要包括继任人的知识和能力目标、培养方式，培养措施、时间安排、具体要求及考核办法等。[①]

（四）合理分配 TREADs

TREADs 是指组织以培训、奖金、教育、任务和发展机会为形式进行的投资。但是要等到比较长的时间才能看到这些投资是否得到回报。高校组织对高层次人才的管理依然涉及这些类型的人力资本投资。为了更加合理地利用既定资源对人才进行此类投资，必须基于每个人才对高校的当前价值和未来价值来进行分类。对于高校既有的人才资源，处于人力资本投资的需要，可以将其分为几类，分类的标准是人才的绩效水平和胜任力、领导能力和培养他人的能力、组织的人才标杆的地位等。

1. TREADs 分配

经过高层次人才引进政策等的挑选和实施，高校储备了各个层次的人才，可以分为核心教师——当前非常杰出，表现大大超出期望，未来也会有高绩效表现（3%）；骨干教师——现在的表现超出期望，未来也会继续如此（20%）；一般教师——能够满足高校组织的期望（75%）；问题教师——

---

① 裴春秀：《建立高校核心人才继任机制》，《中国人才》2005 年第 2 期。

未能达到高校组织的期望（2%），不适应环境的教师，要么就是绩效很差，要么就是缺乏完成工作所需的胜任力。因此，对 TREADs 分配不当将导致人才流失、士气低迷或是绩效问题，尤其是对于高层次人才而言。

表7-3 根据教师分类分配 TREADs

	薪酬	培训和发展机会	职业路径发展	识别度
核心教师	增速显著高于市场一般水平	主要的投资	非常迅速	很容易识别
骨干教师	增速高于市场一般水平	充足的投资	迅速	容易识别
一般教师	最多获得由竞争力的薪酬逐步增加	只有在希望提升胜任力以应对当前或未来的发展环境时才会进行投资	中等或者更慢	能够识别
问题教师	不增加	当其可能胜任当前或者别的岗位时，才会投资以提升胜任力	没有	——

可见，引进的高层次人才在招聘阶段已经通过核心胜任力能力等多项考核，一般都能适应所聘岗位，成为高校的核心教师和骨干教师，因此对这部分人才的 TREADs 分配尤为重要。

2.高层次人才教师的 TREADs 分配风险

（1）培训风险

教育培训是高校提高教师知识范围、业务技能的根本途径，而随着技术的发展和不断成熟，也会导致这些业务技能水平的无形损耗。高校提供的教育培训主要包含在职攻读学位和培训、脱产培训、国内外进修等多种形式。不管采取何种方式的教育培训手段，高校都需要付出一定的资金和时间投入。而由于人力资本的异质性，导致了投入相同成本却难以取得相同的产出的现象。人力资本增量由于人力资本承载个体的天赋、价值观等方面的差异性而出现异同。从而导致高校高层次人才教师 TREADs 分配的培训风险。

（2）行业环境风险

高校高层次人才教师 TREADs 分配存在的行业环境风险主要有：

①教育制度改革，为高校高层次人才人力资本的自由流动提供了便利

条件，提高了高层次人才人力资本流失的风险性。

②国家对于高等院校准入政策的放宽，促进了民营、合资和股份制经济在教育领域的进入，打破了公立高等院校一枝独秀、一统天下的 局面。

③高等院校用人机制、体制和管理制度的不灵活，加大了高层次人才人力资本投资的风险。

（3）招聘配置风险

高等院校在招聘高水平人才过程中需要投入大量的人力物力。如果招聘到的人才与高等院校的需求不一致，就会出现由于招聘不当带来的人力资本投资风险。如果招聘到的人才超出了岗位实际需求的人数范围，虽然能够给高校带来人力资本投资的收益，但是高校也要付出较多的工资和福利，并且由于岗位工作人员富余，可能造成人力资本得不到充分发挥的现象，也会造成人才的流失。

（4）投资风险

TREADs分配的周期比较长，高校院校从开始进行TREADs分配开始，到获取投资收益需要一个较长的时间间隔。而由于多方面因素的影响，导致了市场经济的瞬息万变，教育体制机制、重大决策以及教育市场需求等影响因素的变化，人员的业务技能和知识结构都会随着科学技术的进步而老化和落后，这些因素都将导致人力资本投资的贬值。此外，不良的高等院校的工作环境和人文环境造成了高校高层次人才教师的才能的发挥受到限制，从而导致由于高校激励措施的不当降低了教师教学科研工作的积极性和主动性，高等院校人员认知和高校文化建设的偏差，无形中造成了高校高层次人才教师TREADs分配风险的提高。

3.高层次人才教师的TREADs分配风险约束

（1）公平有效的投资客体选择

投资客体的选择是高校具体实施TREADs分配的起点，是高校对高层次人才教师 TREADs 分配风险防范的源头，关系着整个 TREADs 分配的效果和投资风险能否有效防范。

高校在选择 TREADs 分配对象时，最为关键的是选择到适合学校需要的、具有较高素质和忠诚度的高层次人才。首先，要结合学校的条件和岗位的特点，明确目标需求和岗位需求，如果工作职位分析出现偏差，导致聘用了不合适的教师，就会造成人力资本投资的浪费。其次，要甄别人才，通过各种科学有效的方式来选出学校真正需要的优秀人才，如果选择出现偏差，导致聘用了能力、素质、忠诚度较低的教师，就会给学校带来巨大的投资风险。

要做好教师人力投资客体选择，必须要重视制度建设。

①合理分权，建立投资需求确定机制。根据学校人力资本投资规划，院系用人单位提出需求计划，并对需求职位和需求条件进行描述，学校组织人事部门负责需求计划的审核和确定。

②选用富有经验和德才兼备的招聘者，建立教师招聘的绩效考评机制。高校可以组建一个由院系党政领导、教研室负责人、专业骨干教师、组织人事部门工作人员、校外专家等相关人员组成的教师招聘考核小组负责招聘考核工作，并将选才质量作为招聘人员和招聘部门的主要绩效考核指标，实现在选拔人才上个人的利益同组织的利益相一致，强化责任意识和质量意识。

③丰富人力资源甄选手段，制定严密科学的教师招聘流程。为降低由于信息不对称而导致的逆向选择风险，学校可以引入现代人才测评方法和技术，通过心理测验、情境模拟等手段，对人的能力水平、个性特征、发展潜能等因素进行测量，并根据高校教师岗位需求及组织特点进行评价，同时对应聘者履历资料背景以及学术成果进行调查核实，以求对应聘者有客观、全面、深入的了解，从中选择喜欢且适于教学科研工作的优秀人才。

此外，为保证公开、公正、择优原则的实现，还是要从制度入手，规范公开招聘流程，使之科学化、制度化、标准化。

（2）TREADs 分配动态追踪机制

对高校管理而言，TREADs 分配风险规避要建立一套动态追踪机制。过去仅考虑对教师进行投资，但是却缺乏相应的事后跟踪和评价体系。往往投资完成了，收益却没有得到保障。没有监督和跟踪机制往往使投资后的效果不尽人意。对高校教师而言，动态追踪机制的建立也形成一种约束力，促使教师发挥个人人力资本的作用，在给高校带来预期收益方面有了基本保障。

建立动态跟踪机制和评价体系，对高校教师人力资本投资后的效果进行及时反馈和总结，发现存在的问题并及时采取措施，保障投资后的收益实现，为以后的高校人力资本投资决策提供合理科学的依据。

（3）TREADs 分配风险共担机制

建立人力资本投资风险共担机制，也有助于减少人力资本投资风险。

①招聘投资风险共担。在招聘中规定适当的试用期，用于观察所招聘的人员是否符合岗位需求。所聘人员在重新配置岗位时要规定试用期，尤其是在晋升岗位时，在试用期内仍执行原岗位工资，待试用期满达到晋升岗位要求后再增加工资。

②培训投资风险共担。在进行培训时，可让受训者先承担部分或全部费用，待培训结束后，在受训者达到培训要求或工作到一定时间后对其所花费用给予报销。另外，受训者要制订促进自我学习的制度，其学习费用先由自己承担，待学习结束后，再根据学习结果和层次给予适当的补贴或奖励。

③进行合同化管理。在合同中确定双方的权益和责任，运用合同的形式，将人才与高校的关系固定下来。如果合同的任何一方违反了合同条款，就要承担相应的赔偿责任。

（4）高层次人才职业生涯规划

职业生涯规划是指根据高校组织的需要及对高层次人才个人的工作业绩、潜力和偏好的评估，塑造个人在组织内的职业进步。在高层次人才职业生涯规划设计中，高层次人才和高校两个主体各自担负着不同的责任，发挥着不同的作用，高校要在尊重高层次人才的前提下，帮助高层次人才确定个人职业发展目标，并为高层次人才提供在工作中改善职业素质的机会，使学校发展目标与高层次人才个人发展目标协调一致，建立学校与高层次人才间的双赢关系。这也是使岗位和高层次人才合理匹配的有效途径。

职业生涯规划是学校对高层次人才进行人力资本投资风险防范的一种有效手段，高校通过帮助高层次人才职业生涯规划设计，可以赢得高层次人才对学校的忠诚感，并可以使高层次人才在他们的岗位上更有效地工作，从而很好地降低其人力资本投资的风险。高校在教师职业生涯规划中，应注意做到：

①结合高校发展需要和高层次人才个人特点，充分尊重高层次人才个人意见，帮助高层次人才制定科学的、切实可行的职业生涯规划，并随着环境的变化不断补充和修正。

②分类规划，设计多条发展通道。分类规划可以根据高层次人才分类设计成科研型人才发展规划、教学型人才发展规划、教学科研型人才三大类。

③采取措施帮助高层次人才实现职业生涯目标。高校要尽量满足高层次人才的成长需求，为其提供尽可能多的培训与进修的机会，以满足其对事业发展的追求，达到激励人才、留住人才的目的。

结　语

高层次人才管理战略问题是高校进行"双一流"建设中最重要的工作，能否通过此人才战略工作建设一支高水平的人才队伍决定着高校在未来发展的层次和水平。高校领导、职能部门和学院（系）的人才观和工作方法应统一一致达成共识，在规范的流程约束下，通过党管人才的机制，加强高层次人才自身的主导作用，以加快高校的整体人才队伍建设节奏。

第一，明确高校高层次人才管理战略的纲领。通过高等教育产业化政策，最大限度地开发高校人力资源，推动高校高层次人才的引进和管理工作。结合高等教育产业布局的内在规律，合理进行地域分布，加强政府监管，以实现教育资源的优化配置，实现高层次人才的合理流动。

第二，定好政策导向。对于高层次人才的引进政策，秉承"因校制宜"的原则，强调引进指标的动态化和灵活性，而人才引进后的管理政策也同样重要，需要相关部门的管理者以自身的人性化管理，领悟高层次人才的切实需求，同时在考核政策上保持弹性，并以多样化的奖励激励政策鼓励高层次人才在进校后安心工作，多做贡献。高层次人才管理政策的出台需要经过具体的政策评价指标来帮助形成完整的高校高层次人才管理战略纲领，为构造高层次人才管理战略宏图提供较好的指引。

第三，高校高层次人才管理战略的定位。在高层次人才竞争中，相关大学与科研机构在学科研究方面公认的领头人往往成为竞争的重点。这样的战略选择会带来事半功倍的效果，特别是对于那些学术研究实力较弱小的大学与科研机构。成功的高校高层次人才管理战略离不开三大因素：核心教师、关键岗位的后备人才和合理进行 TREADs（培训、奖金、教育、任务和发展）分配。

第四，引进的高层次人才中，部分将成为核心教师，为更好地管理这类人才，高校应为之搭建较好的发展平台、构建创新的用人机制、推行教授治校，赋予教授更多的权利；另一部分高层次人才将成为核心教师的后备人才，这也是稳定高校人才队伍的有力举措，可通过继续学历教育和在职教育提高其知识构成、依据核心教师素质模型培养、发挥核心教师的作用进行"传帮带"。而对于高层次人才管理的核心问题就是如何合理分配 TREADs（培训、奖金、教育、任务和发展）机会。可依据高校现有人才的类型进行分类，以对应不同的 TREADs（培训、奖金、教育、任务和发展），当然这个过程中要注意可能出现的风险，并采取相应措施予以防范和约束。

由于时间和经费等条件的限制，本文提出的一些理论观念仍有待于实证检验。同时，由于篇幅的限制，本文也未对高校高层次人才管理过程中的具体管理系统进行分析，包括如何进行测评、诊断和监测等过程，有待今后进一步的思考和研究。

参考文献

［1］Lueas R. E. On the Mechanics of Economic Development ［J］.Journal of Monetary Economics （0304-3932）, 1988, （22）: 3-42.

［2］P. F. Drucker. The Practice of Management ［M］.Harper&Brothers. New York.1954.

［3］加里 .S. 贝克尔 . 人力资本 ［M］. 北京：北京大学出版社, 1987.

［4］西奥多 . 舒尔茨 . 论人力资本投资（中译本）［M］. 北京：中国经济出版社, 1987.

［5］Stacey H.Chen. Is Investing in College Education Risky? ［D］.Albany, NY: University of Rochester and State University of New York at Albany, 2001.

［6］D A. Kodde. Uncertainty and the Demand for Education ［J］. Review of Economics and Statistics, 1986, Vol. 68, No. 3, pp. 460-467.

［7］K L. Judd. Is education as good as gold? ［R］.An Analysis of Human Capital Investment, 2000.

［8］Alexandra Rillaers. Growth and Human Capital Accumulation under Uncertainty ［D］.Louvain-la-Neuve: University Catholique de Louvain, 1998.

［9］D Levhari, Y Weiss. The Effect of Risk on the Investment in Human

Capital［J］. American Economics Review, 1974, Vol. 64, No. 6, pp. 950–963.

［10］陈守银,杨万文.高校高层次人才资源共享探究.高教发展与评估［J］, 2005（2）.

［11］庄莉.浅论新时期高校高层次人才队伍的建设［J］.福建教育学院学报, 2005（1）: 48–50.

［12］王通讯.人才学通论［M］.北京: 中国社会科学出版社, 2001: 2.

［13］张勇.高校人才引进模式博弈均衡分析［J］, 成都信息工程学院学报, 2006,（5）: 764–766.

［14］秦亮生.我国高校人才引进工作探析［J］.华南农业大学学报（社会科学版）, 2007.（3）: 152–156.

［15］陈清.地方新建本科院校高层次人才引进工作探析［J］.福建师范大学福清分校学报, 2010.（6）: 42–51.

［16］刘国远.论地方本科院校高层次人才引进与师资团队建设［J］.继续教育研究, 2011,（3）: 40–41.

［17］张乃军.完善人才引进机制建设高素质队伍［J］.人力资源管理, 2010,（12）: 120–121.

［18］吴波.完善高校人才引进机制的合理化建议［J］.天津电大学报, 2009（4）56–63.

［19］伍爱.人力资源管理学（第二版）［M］.广州: 暨南大学出版社, 2005.

［20］胡丽芳.人才流失也是财富: 挖掘最后一桶金［M］.北京: 中国经济出版社, 2004.

［21］肖起清.大学高层次人才引进政策的发展研究［D］, 华中科技大学2008年学位论文, 17.

［22］娄成武，魏淑艳．现代管理学原理（第二版）［M］．北京：中国人民大学出版社，2008：183．

［23］史金龙，李海龙．企业人力资本投资的风险与对策［J］．长春理工大学学报（综合版），2005，（4）：11-13．

［24］刘文，罗润东．人力资本投资风险理论研究新进展［J］．经济学动态，2010，1：91-96．

［25］郑赤建．高校人力资源管理研究［M］．长沙：湖南人民出版社，2007：108．

［26］张德．人力资源开发与管理（第三版）［M］．北京：清华大学出版社，2007：28．

［27］高迎斌．高校高层次人才队伍建设中存在的问题及对策［J］．中国教育科学探究，2005（5）：33-35．

［28］肖金香，詹婉华．高校人才结构与人才流失因素分析及人才建设对策［J］．江西农业大学学报（社会科学版），2005（1）：121-122．

［29］郑卫东．加拿大、德国、日本高校的人才战略及其启示与建议［J］．高等农业教育，2006（1）：90-92．

［30］阴保全．地方高校教师人力资本投资风险及规避探讨——浅谈如何调动地方普通高校教师的积极性［J］．科技情报开发与经济，2009，19（11）．

［31］韩斌．高等学校高层次人才引进政策研究［D］．东北大学，2012．

［32］陈旭峰．普通高校海外高层次人才引进对策研究［D］．华侨大学，2013．

［33］周鹏程．海外高层次人才引进财政政策研究［D］．中共江苏省委党校，2013．

［34］李晨曦．海外高层次人才引进机制研究［D］．首都经济贸易大学，2014．

［35］桂润楠.我国归国海外高层次人才现状调查与对策研究［D］.中国科学技术大学，2014.

［36］蒋莹，陈斐.高校海外高层次人才引进现状与优化对策研究——以江苏省为例［J］.科技管理研究，2014，24：107-111.

［37］王洪军.高校柔性引进高层次人才的现状及问题分析［J］.人才资源开发，2015，16：38-39.

［38］曾珍.论我国普通高校高层次人才的引进与管理［D］.西南大学，2008.

［39］丁桂焱.我国研究型大学高层次人才引进机制研究［D］.哈尔滨工业大学，2013.

［40］胡炳波.高校人才引进工作研究［D］.华东师范大学，2008.

［41］李青，范利君.我国高层次创新型人才引进问题的研究［J］.科教文汇（上旬刊），2016，03：1-2.

［42］倪海东，杨晓波.我国海外高层次人才引进与服务政策协调研究［J］.中国行政管理，2014，06：110-113.

［43］范冬清.大学高层次人才引进风险：影响因素与对策建议［J］.高等教育研究，2014，06：39-45.

［44］杨河清，陈怡安.海外高层次人才引进政策实施效果评价——以中央"千人计划"为例［J］.科技进步与对策，2013，16：107-112.

［45］陆道坤，白勇，朱民.海外高层次人才引进问题与对策研究——基于10所高校"千人计划"入选者的分析[J].国家教育行政学院学报，2010，03：53-57.

［46］高福安，蔡娟娟，侯隽.高校高层次人才引进与培养战略［J］.现代传播（中国传媒大学学报），2010，05：127-131.

［47］李星云.新形势下我国高层次人才引进的思考［J］.江苏行政学院

学报，2010，06：73-77.

［48］丁启明．地方政府高层次人才引进模式绩效及提升策略探讨［D］．苏州大学，2013.

［49］梁朦朦．地方高校高层次人才引进与开发研究［D］．长江大学，2012.

［50］曹梦洁．地方政府高层次人才引进政策创新研究［D］．安徽大学，2014.

［51］冀伟．基于双因素理论视角的广州南沙新区政府海外高层次人才引进研究［D］．华南理工大学，2014.

［52］赵寰赢．昆明市海外高层次人才引进现状分析与政策研究［D］．云南大学，2015.

［53］宗子仰．地方政府海外高层次人才引进政策研究［D］．上海交通大学，2010.

［54］张奕涵．地方政府引进海外高层次人才对策研究［D］．上海交通大学，2010.

［55］周威．浅谈高层次人才引进工作中应注意的几个问题［J］．中国高校师资研究，2009，05：14-18.

［56］李媛媛．大连市高层次人才引进问题和对策研究［D］．大连理工大学，2012.

后 记

高层次人才队伍是国家知识创新的重要力量，是实施人才强国战略和自主创新战略的强大生力军和动力源，在我国全面建设小康社会和加快社会主义现代化建设进程中起着基础性、战略性作用。在此背景下，迫切需要对高校高层次人才队伍建设等相关问题进行归纳分析，以期加深认识。

有鉴于此，我们启动了"高校高层次人才管理战略"的研究，这一课题采取了集中讨论与分散研究的方式。经过两年多的努力，先后数易其稿，形成此成果。分工如下：张文剑设计大纲、绪论和第一章、第六章；饶丹雪第二章；刘琪第三章；徐庆祥第四章；周丹（中南财经政法大学公共管理学院博士生）第五章；全书由张文剑统稿。

本书成稿仓促，加之作者学识所限，书中不当和错误之处难免，敬希望读者指正和帮助。

作者

2016 年 8 月